30 DÍAS DE RENOVACIÓN PERSONAL

PASOS PARA UNA FE Y LIBERTAD INQUEBRANTABLES

STEVE CIOCCOLANTI

30 Días de Renovación Personal:

Pasos para una fe y libertad inquebrantables

Publicado por Discover Media www.discover.org.au

Copyright © 2012-2020 by Steve Cioccolanti www.cioccolanti.org

Traducido por Stella De La Llata y Elmer Batres

Todos los derechos reservados bajo la Ley Internacional de Derechos de Autor. Contenido y / portada no pueden ser reproducidos sin el consentimiento del Autor.

A menos que se indique lo contrario, todas las citas de las escrituras han sido tomadas de la Versión de la Biblia de King James Copyright © 1979, 1989, 1982. Usadas con permiso de Thomas Nelson, Inc., Publishers.

Citas bíblicas marcadas:

DHH es de Dios Habla Hoy.

"Goodspeed" es de El Nuevo Testamento de Edgar J. Goodspeed: Una traducción Americana.

"Knox" es de The New Testament in the Translation of Ronald Knox.

LBLA es de La Biblia de las Américas.

"Moffat" es de El Nuevo Testamento de James Moffatt: una Nueva Traducción.

NT20 es de Nuevo Testamento del Siglo XX.

NTV es de Nueva Traducción Viviente.

NVI Nueva Versión Internacional © 1973, 1978, 1984. Usada con permiso.

"Phillips" es del Nuevo Testamento en Inglés Moderno de J.B. Phillips.

RVC es de Reina Valera Contemporánea.

RVR1960 es de Reina Valera 1960.

"Taylor" es de Parafrases del Nuevo Testamento de Kenneth Taylor.

Libro de bolsillo ISBN 978-1-922273-15-4

Libro digital ISBN 978-1-922273-16-1

Imprimido en EEUU

*Dedicada a mis hijos
Alexis, Austin & Amber-Radiance*

*y a todos los que anhelan
tener un padre, un mentor y un modelo.*

que a lo largo del camino hubieran aplastado y desmoralizado al viejo yo, antes de haber sido Cristiano.

Yo te puedo decir que el mensaje de éste libro funcionó para mí, mucho antes de que yo hubiera podido experimentar cualquiera de las victorias que te estoy describiendo. Las instrucciones funcionan porque están basadas en las instrucciones Bíblicas de Dios para nosotros. La fe es seguir las instrucciones antes de que obtengas los resultados.

Imagina que tú esperanza de una vida hermosa está situada del otro lado de un gran abismo, y la realidad de tu destino te está esperando de ese otro lado, ¿qué es lo que conecta a tu esperanza con tu destino? Es un cordón de tres dobleces que todo el mundo tiene. Todo el mundo, no importa que tan rico o que pobre sea, tiene igual acceso a estas conexiones. Este cordón de tres dobleces, está compuesto por tus pensamientos, tus palabras y tus acciones.

Los oradores motivacionales y los entrenadores personales hablan del poder del pensamiento positivo y de la declaración positiva de la palabra, pero muy pocos de sus seguidores pueden duplicar su éxito. ¿Por qué? Una de las razones, es que este se basa en el poder de la voluntad en vez de en el poder de Dios. Las personas que se están sintiendo como fracasadas no necesitan que les digan que necesitan cambiar. ¡Eso ya lo saben! Ellos necesitan el *poder* para cambiar. Ellos también necesitan más que inspiración, necesitan instrucciones claras ¿Cuáles son exactamente los pensamientos que debemos tener y las palabras que debemos hablar?

Las instrucciones de Dios están a un nivel más alto que las del mejor entrenador que la vida pueda ofrecer.

INTRODUCCIÓN AL PLAN DE 30 DÍAS

Día 1

Tu libertad está a tu alcance

Cuando Dios quiere revolucionar tu vida, El comienza por cambiar la forma como te vez a ti mismo y la forma como hablas de ti mismo. Este libro, traza los pasos que tomé para alcanzar la libertad sobre múltiples creencias autolimitantes y comportamientos contraproducentes, y lo más importante, para mantener mi libertad.

Sin esta transformación, yo no hubiera podido convertirme en la persona que Dios quería que yo fuera al día de hoy. Actualmente tengo el privilegio de ministrar a miles de personas a la vez, a pesar de que solía tener miedo de hablar en público. Dirijo un extraordinario equipo de trabajo, el cual produce documentales y videos; aun cuando mis estudios no se relacionan con la filmación de películas, y no solo he sobrevivido; sino incluso he crecido durante los retos

También se habla mucho sobre el establecimiento de metas, y yo creo que eso es importante. Yo he escrito metas para cada año. Pero he logrado mucho más de lo que me hubiera podido imaginar sin ponerle mucha atención a mis propias metas ¡No le pongas atención a las metas, pon tu atención en Dios! Dios primero cambiará *quien* tú eres antes de cambiar lo que tienes. Al darle mi atencion a Dios, por primera vez en mi vida tuve un Modelo Perfecto a seguir. Comencé por cambiar mis pensamientos y mis palabras, yo imploraba poder pensar y hablar conforme a los caminos de Dios. En lugar de comenzar con las metas que quieres, mejor comienza con la persona que ahora eres. Antes de verme como un líder, empresario o autor, tuve que verme a mí mismo de la forma como Dios me ve. Este es el paso crucial en el que muchas personas pierden su camino hacia tratar de alcanzar sus metas. Este paso crucial es el cual quiero que emprendas por los siguientes 30 días.

Resultados que puedes esperar

Como mentor cristiano; he guiado a las personas a verse desde la perspectiva de Dios y los resultados son duplicables. Con humildad recibo testimonios como éste:

"Mi relación con mis colegas se rompió por mi falta de confianza y el miedo en mi interior al fracaso. Yo me preocupaba mucho por la actitud de las personas y sus pensamientos sobre mí, pero...ahora me dirijo a mis colegas con confianza y perdoné todas las palabras que usaron para herirme, porque no sabían lo que hacían sin Dios en sus vidas. No solo me desempeño bien en mis labores, sino que también he comenzado a divertirme en mi lugar de trabajo. El amor de Dios es tan real y tan abundante sobre mí".

~ Shelley, Australia

"Anteriormente, como un cristiano nuevo, yo tenía miedo de no importarle a Dios, pero ¡Después de seguir el plan de 30 días en tu libro ya no sentí más ese miedo! Obtuve la estabilidad que necesitaba como cristiano, y que antes no tenía. Yo he leído muchos libros cristianos sobre fe y milagros, pero cuando puse en práctica exactamente lo que escribiste, y medité en las Escrituras específicas que usaste de la Biblia, fue la primera vez que sentí algo dentro de mí que se levantó, fue como si pudiera enfrentar y vencer cualquier cosa que viniera en mi camino. Se sintió como una total evolución y me dio un nivel diferente de fe que no se evapora con nada".

~ Josefina, Singapur

"Todo lo que dijiste sobre tu padre, sobre fumar y de una pobre auto-imagen son cosas que actualmente están pasando en mi vida. Yo he estado siguiendo tu plan por dos meses. Ahora mi papá y yo estamos más cerca el uno del otro. Ya no tengo que preocuparme por nada nunca más porque tengo a Jesús en mi vida. La semana pasada mi tía que es una gran católica devota, realmente me sorprendió cuando dijo que estaba muy orgullosa de mí, que amaba mi "nuevo yo" y que admiraba mi fe. Hasta me dijo que tenía muchas cosas que aprender de mí. Oh, como El Señor es fuerte. Yo nunca pensé o soñé que un día, mi tan devota tía me dijera que tenía algo que aprender de mí".

~ Michelle, Islas Mauricio

"De ahora en adelante, sé que no tengo nada que temer porque Jesús vive en mí, y Él, no me dio un espíritu de temor".

~ Pablo, Malasia

*E*l Plan de 30 Días

Sus éxitos no fueron fáciles, pero puedes ver que es totalmente posible; si ahora mismo tomas la decisión de apegarte al plan; tu no solamente estarás copiando lo que yo hice, vas a entender *por qué* lo hice y *por qué* tú también quieres seguirlo. Cada día deberás leer solamente un Capítulo y meditar en él. El Capítulo 1 que estás leyendo en éste momento y representa tu primer paso en el Día 1.

Encuentra algo en cada Capítulo que te emocione y deja que tu pensamiento se refresque y se renueve. Cuando llegues al Capítulo 5, deberás estar en el día 5.

Los Capítulos 5 al 9 contienen oraciones de las Escrituras que conforman los componentes principales de tu Plan de Meditación.

Si solo pasas 24 días meditando en estos cinco capítulos, llegarás al día 28. Una vez que hayas seguido el Plan y solamente después de que sigas el Plan, recomiendo que leas los últimos dos capítulos. Estos te llevaran a los días 29 y 30 respectivamente.

El mensaje de éste libro ha ayudado a muchas personas a construir su sentido de identidad, autoestima y autoconfianza, pero no es un libro de auto-ayuda. Así como no puedes auto enseñarte (tú ya sabes lo que sabes), por lo tanto, tú realmente no puedes auto ayudarte. La verdadera ayuda no viene de ti mismo, viene del Consolador– Jesús dijo: "Más el Consolador, el Espíritu Santo, a quién el Padre enviará en mí nombre, Él os enseñará todas las cosas, y os recordará todo lo que yo os he dicho". (Juan 14:26). La autoayuda es solamente algo natural y temporal; la ayuda del Espíritu Santo es supernatural y eterna.

Mi Historia Personal

Obviamente mucha gente, aún después de volverse cristianos, lucha con conflictos internos, con un estilo de vida de pureza y con un propósito en la vida. ¿Cómo podemos cooperar con el poder transformador del Espíritu Santo? Esto es de lo que se trata este pequeño libro. Si yo, de entre todas las personas puedo vencer, entonces tú puedes vencer. Si yo puedo tener éxito, ten por seguro que tú puedes tener éxito.

Sabes, aún antes de que yo naciera, mi Padre ya había decidido que no quería hacerse cargo de su esposa o de su hija (mi hermana mayor). Cuando él estuvo de regreso por un corto período; yo fui el accidente. Aún antes de haber nacido, yo ya había sido herido con un espíritu de rechazo. No fue la mejor introducción que un bebé puede tener a la vida.

Conforme crecí, mi papá nunca estuvo presente y jamás se hizo cargo de mi hermana con síndrome de Down, ni de su salud, ni de mi educación. Una vez al año recibía una carta por mi cumpleaños, y lo más que me llegó a mandar fueron $20 dólares. Mi mamá, siendo madre soltera, trabajó muy duro para sostenernos. Yo crecí enojado con todo el mundo. A pesar de que fui excelente en la escuela gracias al amoroso apoyo de mi mamá, yo caminaba con una mentalidad de víctima. ¿Cómo podría un joven como yo tener éxito en la vida?

Poco sabía acerca de que yo estaba en el camino del diablo

rumbo a una destrucción segura. Tan pronto como probé el sabor de la libertad a los 18 años, mi comportamiento rápidamente se salió de control: Probé toda droga imaginable, excepto aquellas que requerían agujas (no me gustan las agujas), fumé todo aquello que se pudiera encender. También cambié mucho de novias para tratar de llenar los huecos que tenía en mi alma vacia. En mi esfuerzo de no ser como mi padre, me estaba convirtiendo más como él ¿Cómo podría escapar de esta trampa?

El cóctel de pecados en el que yo estaba viviendo, finalmente me paralizó emocionalmente y me anestesió espiritualmente, me estaba hundiendo en la depresión y no tenía ninguna cuerda de dónde agarrarme, intenté probar con todo tipo de música para tranquilizarme, desde reggae a cantos de Mongolia, de Beastie Boys a Led Zeppelin. Leí de lo oculto y de física cuántica, me inscribí en la Universidad a clases de Budismo y de filosofía China, a pesar de que yo sabía que eso no me llevaría a hacer dinero en algún trabajo, yo estaba buscando respuestas, ¿Cómo puede la gente mantenerse cuerda en un mundo loco?

Nunca se me ocurrió buscar en la Biblia por respuestas. De hecho, la Biblia sería el peor libro en el mundo que alguien pudiera leer, si antes, no le ha pedido primero a Dios con toda humildad que abra sus ojos. Los fariseos eran un ejemplo de ello. Leían solamente desde un punto de vista vacío y sin vida, puramente intelectual. Pero la Biblia está viva y es poderosa, más afilada que una espada de dos filos (Hebreos 4:12). La Biblia es una espada de dos filos porque tiene una manera de bendecir a sus amigos y de confundir a sus enemigos.

Leer la Biblia cuando yo era un crítico encuentra-errores

solamente me hubiera confundido. Pero cuando yo estaba en uno de mis viajes a Tailandia, algunas personas me presentaron el evangelio de Cristo de una forma racional y poderosa. Me convenció de que yo era el tipo de persona a la que Jesús vino a rescatar. Un nuevo brillo entró en mi corazón después de que genuinamente me arrepentí de mis pecados y confié en Jesús que no me condenaría en el Día del Juicio, y de repente quería leer la Biblia por mí mismo. Por alguna razón, fue la primera vez que decidí llevar mi Biblia de la escuela primaria (dada a todos los estudiantes por monjas episcopales) conmigo en éste viaje en particular.

Después de que me di cuenta de que era un hombre perdido en el mar, yo llegué a apreciar la Biblia como mi salvavidas y mi Estrella del Norte. Cuando te ves a ti mismo como un hombre muerto de sed bajo un calor ardiente, la Biblia se convierte en una fuente de agua fresca y viva. Cuando tú te ves a ti mismo como un hombre muerto de hambre, cada verso de la Biblia se convierte en un manjar que saboreas.

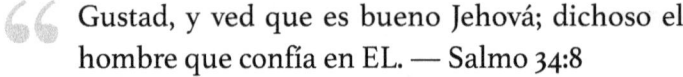
Gustad, y ved que es bueno Jehová; dichoso el hombre que confía en EL. — Salmo 34:8

Cuando apenas me convertí estando en Tailandia, rápidamente guié a otro chico, mitad tailandés y mitad *"farang"* (*caucásico* en tailandés) a los pies del Señor. Éramos compañeros de lectura Bíblica. Una vez una misionera nos vio tan concentrados leyendo la Biblia, que ella nos advirtió: "Ustedes apenas están en la etapa de la luna de miel. Todos comenzamos leyendo la Biblia como ustedes, pero pronto la luna de miel se acabará." ¡Gracias a Dios que la luna de miel aún no ha terminado para mí después de casi dos décadas! Al contrario, mi apetito por la Biblia ha crecido con el paso de los años. Yo ahora entiendo mejor la Biblia e identifico más verdades. Y conforme más verdades veo, ¡más libre puedo ser!

Cuando conozco personas que no se involucran en ninguna religión, a menudo me dicen: "A mí no me interesa tu Cristianismo, yo soy un pensador libre." Y entonces yo les pregunto: "¿Tú crees que yo estoy atado?, ¿Acaso parece que estoy en una esclavitud? Yo también soy un pensador libre. Yo también soy libre para pensar ¿Pero sabías que puedes ser aún *más* libre?". Y cada vez que les hago esa pregunta, siempre veo en sus rostros como si un nuevo pensamiento les acabara de entrar en la cabeza "¿De verdad?". Me preguntan con curiosidad "Por supuesto" yo les digo. "Puedes ser más libre" Jesús dijo: "Y conocerás la verdad y la verdad te hará libre" (Juan 8:32). La libertad está basada en la porción de verdad que conoces y aplicas, eso quiere decir que a mayor porción de verdad sepas, mayor libertad alcanzarás.

Si la libertad definitiva viene a través del conocimiento de la verdad, entonces la pregunta lógica es ¿con que verdades deberíamos de comenzar exactamente? La Biblia puede parecer como un gran libro para un principiante. ¿Dónde comenzar si necesitas vencer hábitos específicos, ataduras o pecados? Muchos cristianos buscan a predicadores famosos, autores con muchos libros vendidos o comentarios extra-Bíblicos para buscarle sentido a la Biblia. Algunas veces son buenos y ayudan, otras veces confunden al lector aún más. Muchos cristianos aún no han obtenido la libertad permanente que han estado buscando.

Cuando me volví cristiano me alimentaba solamente con buenos libros cristianos. Mi definición de un buen libro cristiano es ésta: 1) me lleva a tener hambre de la Palabra de Dios mientras lo estoy leyendo; 2) el Espíritu Santo me da un sentido de paz espiritual mientras lo estoy leyendo, desde mi primer caminata cristiana, he devorado la verdad. Líderes de Iglesias me recomendaban libros y leía la mayoría de ellos. También yo compraba muchos libros cristianos y leía la mayoría de ellos, leía todo aquello que exaltaba la palabra de Dios y que sentía que el Espíritu Santo me permitía estudiar.

Algunas veces mi espíritu no se sentía bien con algún libro, entonces yo, simplemente lo dejaba en mi librero. Solo algunos años después me di cuenta que algunos de aquellos libros que no quería leer, tenían errores teológicos, científicos o estaban basados en hechos incorrectos. Después de que maduré en mi cabeza, descubrí lo que mi corazón ya sabía – algunos libros no valían mi tiempo porque eran opiniones de hombres y negaban la Palabra de Dios. ¡Gracias a Dios por la guía del Espíritu Santo, aun cuando somos Cristianos jóvenes!

Uno de los buenos Libros cristianos que leí, me enseñó que hay más de 100 escrituras en el Nuevo Testamento que describen lo que Dios piensa de mí. Generalmente contienen la palabra "en Cristo", "en EL", "por EL", "a través de EL" y frases como éstas.

Estas Escrituras explican quién soy yo, lo que tengo y lo qué puedo hacer por todo aquello que Jesús ya hizo por mí.

Esta ha sido una revelación invaluable. Fue como descubrir una mina de verdades concentradas que yo necesitaba de manera inmediata.

INTRODUCCIÓN AL PLAN DE 30 DÍAS | 15

*L*o que hice después cambió mi vida. Yo personalmente busqué como 70 de esas 100 Escrituras, y fueron suficientes como para cambiarme de una forma radical. Eran exactamente lo que yo necesitaba para edificarme espiritualmente. Las escribí e hice oraciones personales con ellas. Y las pronuncié en voz alta cada día por más de 30 días. ¡Yo creo que se puede romper con un viejo hábito y formar uno nuevo si constantemente lo practicas por 30 días! Yo lo hice por más de 30 días.

Mi personalidad cambió. Dejé de estar fácilmente enojado y comencé a disfrutar mi vida. Dejé de pensar en mí mismo primero y comencé a interesarme más por otras personas. Ayudar a las personas se convirtió en un placer. Viajar solamente para conocer lugares ya no era tan atractivo para mí, como viajar para conocer gente y traer la sanidad de Cristo a sus vidas.

Mis hábitos cambiaron. Dejé de fumar, no porque alguna regla religiosa me obligara a hacerlo, sino porque me sentía *limpio por dentro*. Ya no me importaba ver pornografía. La desnudez humana se volvió sagrada. Yo entendí que el sexo fue diseñado por Dios como un regalo reservado para el matrimonio. Vi la pornografía como una humillación hacia las preciosas hijas de Dios. ¿Qué me estaba pasando? Lo que una vez fue una adicción, se convirtió en algo repugnante.

¡Mis gustos en comida también cambiaron! Comencé a comer comida más sana antes de que los investigadores médicos decidieran qué era sano. Comencé a preferir ingredientes kosher, antes de que supiera lo que la palabra *kosher* significaba para los judíos (No, yo no creo que tengamos que comer una dieta kosher para ir al cielo).

"Porque el Reino de Dios no es comida ni bebida, sino justicia, paz y gozo en el Espíritu Santo" (Romanos 14:17). Yo estaba más sano, más feliz y espiritualmente más fuerte. Mi vida de oración había florecido. Yo oraba y obtenía respuestas ¡Sí, Dios realmente quiere escucharme y contestar mis oraciones! Mi relación con Dios, se hizo mucho más que un sermón una vez por semana, permanecía conmigo día tras día, semana tras semana. Una relación es de dos vías, no solamente yo confío en Cristo, también sé que Cristo confía en mí.

¡Bien hecho en el Día 1!

Por el simple hecho de que hayas escogido éste libro, yo creo que este es el tipo de cambio que tú estás buscando. ¡Un cambio de vida! Yo nunca atribuiría mi previa personalidad cicatrizada y mi retorcida forma de ver la vida solamente a la irresponsabilidad de mi papa hacia mi familia; pero entre más conozco a otras personas que están luchando, más me doy cuenta de cómo las heridas de la infancia afectan profundamente a los adultos. No hay ayuda permanente en la auto-ayuda; tú y yo, realmente necesitamos de la ayuda del Espíritu Santo.

¡Tú has dado un primer paso maravilloso! ¡Muy bien por terminar el Día 1 hacia tu transformación personal! Toma éste día para reflexionar en lo que acabas de aprender, qué fue lo que te tocó en tu interior, qué fue lo que más te emocionó. Después toma la decisión de aplicar lo que has aprendido en éste pequeño libro por los siguientes 30 días. Tal vez te ayude hacer ésta oración de compromiso con Dios:

Señor, yo te invito a transformar mi vida desde dentro hacia afuera. Te pido que me limpies de todas aquellas cosas que me están impidiendo convertirme en la persona que estoy destinada a ser, yo me niego a preocuparme o a decir "no puedo". Yo creo que "con Dios todas las cosas son posibles" (Marcos 10:27). Yo creo que mi vida tiene un propósito porque Tú dijiste: "Porque yo sé los pensamientos que tengo acerca de vosotros, dice Jehová, pensamientos de paz, y no de mal, para daros el fin que esperáis. (Jeremías 29:11). En Ti yo encontraré mi paz, en Ti yo encontraré mi propósito, Muéstrame qué es lo que Tú piensas de mí, y cómo puedo yo ser más como Tú. Gracias Señor.

Tú puedes obtener lo que yo obtuve, si haces lo que yo hice. A casi dos décadas de compartir y practicar éstas verdades, puedo decirte que éste libro contiene de la forma más compacta y fácil, los pasos que conozco para edificar una personalidad fuerte, romper hábitos adictivos y crecer espiritualmente en el tiempo más corto posible; y yo no hablo de una mera teoría, sino de mi experiencia personal. Humildemente te ofrezco éste programa, y oro para que sus bendiciones permanezcan contigo hasta que te conviertas en todo lo que Dios te creo para que fueras.

¿CUÁL ES EL GRAN MISTERIO?

Día 2

*E*l misterio de Dios ~ ¡Una vez encubierto pero ahora revelado!

Si se les preguntara ¿por qué Jesús vino a la tierra?, muchos cristianos tendrían dificultades para responder con las Escrituras o solamente darían el mensaje de salvación diciendo: "Jesús vino a perdonar nuestros pecados". Muchas gracias a Dios por el perdón de los pecados. Los pecadores necesitan ser perdonados, pero ¿acaso sabías que el perdón de los pecados ya estaba disponible bajo el antiguo pacto?

¡De verdad! Así es como los Santos del Antiguo Testamento se salvaron. Ellos creyeron en el Mesías *por venir*, el que estaba anunciado en las profecías e ilustrado por los anteriores sacrificios de sangre. Nosotros creemos en el Mesías que *vino* a cumplir las profecías, y dio su sangre por todos en el sacrificio mas grande. Todos somos salvos de la misma forma; ellos esperando el cumplimiento de la promesa, nosotros viendo atrás hacia el cumplimiento de la misma.

Pero hay una diferencia entre el Antiguo Testamento y el Nuevo Testamento; ¿Cuál es? La diferencia no está en Dios, El nunca cambia (Malaquías 3:6). La diferencia no está en el diablo; el tampoco parece cambiar, al menos en el sentido de mejorar. Jesús dijo: "Él ha sido homicida desde el principio, y no ha permanecido en la verdad, porque no hay verdad en él. Cuando habla mentira, de suyo habla; porque es mentiroso, y padre de mentira". (Juan 8:44). En otras palabras, es el mismo viejo diablo.

¿Qué es lo que hace al Nuevo Pacto "nuevo" y "mejor"? (Hebreos 8:6). Claramente existe una gran diferencia entre los creyentes del Viejo Testamento y los creyentes del Nuevo Testamento. El gran misterio que por siglos ha estado oculto de los santos ángeles de Dios y de todos los profetas del Antiguo Testamento, *es ahora revelado* a nosotros los creyentes del Nuevo Testamento, y que primeramente fue introducido por la Encarnación.

¡La encarnación introdujo el misterio de que Dios realmente podía vivir en carne humana! Ninguna otra de las grandes religiones en el mundo, se atreve a proclamar que Dios puede vivir dentro de nosotros. ¿Cómo es eso posible? Jesús fue el primero en demostrar la posibilidad de esta misteriosa unión. Él fue y permanece por siempre totalmente Dios y totalmente hombre. El continúa viviendo en el cielo con un cuerpo físico como el nuestro, pero glorificado e indestructible. (Este hecho por sí mismo, nos dice que el cielo es físicamente real; es un mundo físico como el nuestro, solo que perfecto). Mientras, Jesús se sitúa en una posición única, Él nunca pensó que nosotros no valiéramos la pena y le diéramos lástima. ¡Lejos de eso! ¡Mandó al mismo Espíritu Santo que vive dentro de Él, para que viniera a vivir dentro de nosotros! Su muerte, sepultura y resurrección abrieron el camino para que cualquier creyente también recibiera su naturaleza divina.

> Por medio de las cuáles (conocimiento de Cristo) nos ha dado preciosas y grandísimas promesas, para que por ellas llegaseis a ser PARTICIPANTES de la NATURALEZA DIVINA... — 2° de Pedro 1:4

Definitivamente no somos Dios, pero Dios sí vive en nosotros los que somos creyentes nacidos de nuevo. La vida eterna es nuestra. Dios Padre quería que fuéramos conformados a la imagen de Su amado Hijo, que Jesús fuera el *primero* nacido de *entre* muchos hermanos (Romanos 8:29). Si Jesús es el *primero,* entonces también deberá de haber un segundo, un tercero y muchos más. Jesús tenía que ser el primero entre muchos "hermanos, tal y como El".

Este misterio es un arma terrorífica en contra del diablo y su "mensaje de debilidad". Los cristianos necesitan saber, que cuando se convirtieron en cristianos, no solamente se volvieron en pecadores perdonados, sino que se convirtieron en "nuevas creaciones en Cristo" (2° Corintios 5:17); se convirtieron en el templo del Dios Todopoderoso, para que ahí habitara El (1 Corintios 3:16). Pablo predico éste Evangelio original:

 EL MISTERIO que había estado oculto desde los siglos y edades, pero que ahora ha sido manifestado a sus Santos, a quiénes Dios quiso dar a conocer las riquezas de la gloria de éste misterio entre los gentiles, que es CRISTO EN VOSOTROS, la esperanza de gloria. — Colosenses 1:26-27

Hasta el apóstol Pedro reconoció que lo que Pablo predicaba era "difícil de ser entendido", sin embargo, completamente necesario, a menos que torciéramos las Escrituras (degradando o diluyendo su poder), cayendo "en nuestra propia destrucción" (2° de Pedro 3:16). Oseas 4:6 es a menudo citado, "Mi pueblo pereció por falta de conocimiento". A mí me gusta combinar Oseas 4:6 con la 2° de Pedro 3:16 y decir: "Mi pueblo es destruido por falta de conocimiento, especialmente cuando les falta conocer lo que Pablo enseñó en el Nuevo Testamento". Pedro dijo que estamos en riesgo de ser destruidos cuando no comprendemos completamente las enseñanzas de Pablo. Esa es una advertencia muy poderosa, especialmente si consideramos que ¡éstas fueron las últimas palabras que Pedro escribió!

¿Cuál es el gran misterio que Pablo enseño? Que el mismo Dios, habita en nosotros. Esta revelación única está destinada a hacernos libres en nuestros corazones, mentes, emociones, hábitos y estilo de vida. Pablo continuamente enfatizó lo que Cristo hizo por nosotros y lo que Cristo sigue haciendo en nosotros. No somos simplemente pecadores perdonados como lo eran los creyentes en el Antiguo Testamento. ¡El creyente del Nuevo Testamento es nacido de nuevo! La Iglesia primitiva entendió éstas verdades Paulinas que derrotaron al diablo, y trajeron almas perdidas hacia el reino de Dios: "¡Cristo vive en mi" (Colosenses 1:27) y, "yo estoy ungido" (2° de Corintios 1.21) con el mismo Espíritu Santo que Jesús fue ungido! Hoy podría sonar hasta egoísta el estar de acuerdo con esta Escritura que Pablo escribió. Después de 2,000 años, estas verdades del Nuevo Testamento se han perdido en gran parte de la Iglesia.

¿Pablo o Jesús?

Hay un debate no tan pequeño en el mundo teológico sobre si Pablo inventó el cristianismo o no como lo conocemos ahora. Sin embargo, Pablo no fue la primera persona en presentar la enseñanza de que Dios vino a vivir en el hombre. ¡No! Jesús fue el primero (Juan 10:30-34, 14:16-23). Jesús dijo que Él era el "Cristo", el "Ungido", lo cual simple y sencillamente significa: "¡Dios vive en mí!".

La multitud religiosa quería crucificar a Jesús, no por ser un buen maestro y hacer buenas obras, sino por tener el atrevimiento de declarar: "Dios vive en mí" (Juan 10:33). Que poco escuchamos esta audaz declaración en estos días. Cuando decimos que somos "Cristianos", lo que realmente estamos diciendo es que: "¡Dios vive en nosotros y también nos ha ungido!".

La rótulo "Cristiano" literalmente significa "pequeño Cristo". Y fue una nueva palabra inventada por los no creyentes después de que vieron a los seguidores de Jesús en Antioquía; una ciudad de la antigua Siria (actualmente Turquía del Este). Estos creyentes les recordaban tanto a su Maestro, el Señor Jesucristo, que les decidieron llamar "pequeños Cristos" o "Cristianos" (Hechos 11:26).

Ser cristiano significa mucho más que cambiar de religión, unirse a una iglesia o ser perdonado de tus pecados. Significa que Cristo nos ha transformado tanto para ser como El que podemos ser legítimamente llamados su

Cuerpo, y podemos representarlo de una manera verdadera aquí en la tierra. Pablo fue el encargado de explicar éste mensaje al Cuerpo de Cristo.

> "Pero cuando agradó a Dios que me apartó desde el vientre de mi madre, y me llamó por su gracia (¿Por qué llamó Dios a Pablo?), REVELAR A SU HIJO EN MI, para que yo le predicase entre los gentiles, no consulté en seguida con carne y sangre, (en otras palabras, "no solicité la aprobación de los hombres para dar ésta revelación en público") — Gálatas 1:15-16

Pablo ademas agrega:

> Con Cristo estoy juntamente crucificado, y ya no vivo yo, mas VIVE CRISTO EN MÍ... — Gálatas 2:20

Que poco escuchamos este tipo de pláticas hoy en día, "¡Jesús está en mí! Y es por eso que tengo el poder y la habilidad para ayudarte".

Necesitamos profundizar en ésta gran revelación que Dios y hombre pueden disfrutar de una unión total en la persona de Jesucristo y en cada persona que venga a la experiencia de un nuevo nacimiento. ¡Cuando nos convertimos en Cristianos, cuando somos nacidos de nuevo, Dios viene a vivir en nosotros a través de la persona del Espíritu Santo! Eso significa que tenemos su Vida, su Naturaleza y su Habilidad dentro de nosotros. Es por eso que el apóstol Juan podía declarar con mucha confianza:

> MAYOR ES EL QUE ESTA EN NOSOTROS, que el que está en el mundo. — 1° de Juan 4:4

El día que plenamente comprendamos que Dios vive en nosotros, no nos preocuparemos más ni viviremos en temor, y nuestras oraciones serán llenas de audacia y de poder. Esta no es solamente una "revelación Paulina." Esta es "la revelación del Nuevo Testamento." ¡Esto es de lo que realmente se trata el Cristianismo! Cristo demostrando su Vida, su Naturaleza y su Poder al mundo, a través de los Cristianos.

¿JESÚS, POR QUÉ VINISTE A LA TIERRA?

Día 3

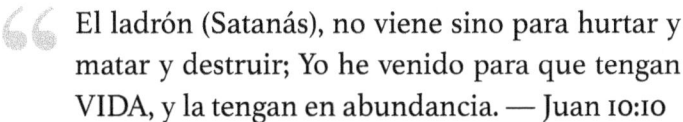uchos cristianos creen que Jesús vino solamente a perdonarnos nuestros pecados. Si, el perdón es una parte del gran trabajo de redención de Cristo, pero no lo es todo. ¿Por qué vino Jesús? Veamos lo que el Maestro tiene que decir.

> El ladrón (Satanás), no viene sino para hurtar y matar y destruir; Yo he venido para que tengan VIDA, y la tengan en abundancia. — Juan 10:10

¿A qué se refiere Jesús cuando dice que vino para darnos vida?" Jesús les estaba hablando a personas que estaban vivas físicamente, por lo que, no estaba queriendo decir que venía a darles vida física. La palabra traducida "vida", proviene del griego: *"Zoe"*. La palabra Zoe se refiere a la vida espiritual o a la vida eterna. Este es el tipo de vida de Dios. Es el mismo tipo de vida que Dios goza en el Cielo – una vida que está por encima del pecado, la enfermedad y de Satanás.

Los cristianos no son inmunes a ser tentados por el pecado, atacados con enfermedades o perseguidos por los mensajeros de Satanás, pero podemos tener la victoria sobre toda tentación, enfermedad o persecución que se dirija hacia nosotros. Eso no debería de sorprendernos, porque Jesús nos enseñó en el Padre Nuestro a orar: "Venga a nosotros tu Reino, hágase Tu voluntad en el *cielo* como en la *tierra*." (Mateo 6:10 énfasis del autor).

No hay pecado, enfermedad, ni Satanás en el cielo, por lo tanto, nuestros cuerpos, hogares e iglesias pueden estar libres de pecado, enfermedad y Satanás porque tenemos la vida Zoe ahora mismo, y Zoe es la misma Vida y Naturaleza de Dios. Es la misma substancia que se encuentra en Dios.

> En Él estaba la VIDA [Zoe], y la VIDA era la luz de los hombres. — Juan 1:4

> Porque como El Padre tiene VIDA [Zoe] en sí mismo, así también ha dado al hijo tener VIDA en sí mismo. — Juan 5.26

> Nosotros sabemos que hemos pasado de muerte a VIDA, en que amamos a los hermanos. El que no ama a su hermano, permanece en muerte. — 1º de Juan 3.14

La razón por la cual ninguna religión, tradición o superstición nos puede garantizar vida eterna es porque no la tienen. Solamente Dios tiene la vida Zoe. Solamente Dios puede darnos este tipo de vida a nosotros.

¿JESÚS, POR QUÉ VINISTE A LA TIERRA? | 29

Solamente Jesucristo promete venir a vivir adentro del creyente, y así transformar nuestros corazones con su naturaleza de Vida y Amor. Nosotros *no vamos* a pasar de muerte espiritual a vida espiritual. Ya *hemos pasado* de muerte a vida espiritual desde el momento en que tenemos a Cristo viviendo dentro de nosotros.

Una razón por la cual sabemos que tenemos la vida Zoe ahora mismo es porque sentimos ese Amor Divino que vino a vivir dentro de nosotros. Una vez que hemos recibido esta vida se vuelve imposible para nuestros espíritus nacidos de nuevo volver a odiar a alguien otra vez. Esta vida es muy fuerte. Este amor no es egoísta.

Ya no importa más lo que el "viejo tú" solía ser y como el "viejo tú" reaccionaba ante las circunstancias. La vieja naturaleza está muerta y el nuevo tú está vivo en Cristo. Tú puedes perdonar. Tú puedes amar. Puedes hacerle frente a esa persona o a esa circunstancia con la naturaleza de Cristo en ti. Puedes lograr tener tanto entendimiento de esta vida, que problemas que antes te hacían rendirte, parecen ya no molestarte más. Te puedes reír ante las circunstancias adversas y declarar: "¡Yo tengo la Vida y la Naturaleza de Dios en mí! ¡Nada puede sobrepasar esta Vida de Resurrección y esta Naturaleza de Amor de Cristo en mí!".

Cuando ésta vida eterna entró en mí, hubo cambios espirituales inmediatos e inclusive cambios físicos. Mis ojos se veían mucho más brillantes, y esto se nota en mis fotos del "antes y después". Mi acné se limpió. Mis pulmones se comenzaron a sentir limpios. No dejé de fumar de forma inmediata después de convertirme al Cristianismo. Conforme meditaba en las Escrituras que estoy por mostrarte en los capítulos 5 al 9, no pasó mucho antes de que renunciara a fumar (como 3 meses).

Igual de importancia, me di cuenta que ya no podía maldecir como antes lo hacía; y de pronto era capaz de pedir disculpas y perdonar a todo el mundo, inclusive a mí propio padre. Ya no estaba enojado con él. Tal como Jesús dijo de los hombres que lo golpearon: "Ellos no saben lo que hacen", pensé lo mismo sobre mi papá: "Él no sabía lo que estaba haciendo. ¡Si yo hubiera estado en sus zapatos, joven y sin Dios, quizás lo hubiera hecho peor!". En lugar de enojo, sentí compasión por él y por otros familiares. Estaba enojado con el diablo por engañar a personas de mi misma familia. Dejé de luchar contra mí propia familia y oré declarando las Escrituras sobre ellos. ¡La gran mayoría se convirtieron al Cristianismo en 12 meses!

Una gran razón para que mi familia aceptara la salvación, fue que yo había cambiado visiblemente cuando recibí la vida eterna. Algo más allá de "unirme a una iglesia" o "cambiar de religión" me había sucedido. El estilo de Vida de Dios estaba en mí. ¡Y ellos lo podían ver!

Yo conozco a una ex alcohólica que dejó de beber después de ser salva y llena del Espíritu Santo. Ser salvo es recibir la vida eterna, pero ser lleno del Espíritu Santo es como una sobredosis de vida eterna. ¡Los primeros 120 cristianos que fueron llenos del Espíritu Santo fueron acusados de estar "ebrios" por la mañana! (Hechos 2:13,15). Esta ex alcohólica de nuestra iglesia me dijo: "Dejar de beber no fue como cuando me quedaba con una cruda. Ya no me sentía vacía. Tenía una emoción mucho mas grande. Tenía una alegría mucho mas superior a cualquier otra cosa."

Como una nueva cristiana, ella disfrutaba mucho orar en el

Espíritu, y conforme la Vida de Dios despertaba dentro de ella, la conducía hacia su misma Presencia ofreciéndole un reemplazo. Una vez oró en lenguas por seis horas seguidas. Tal vez eso puede parecer drástico, pero ataduras drásticas necesitan medidas drásticas. Para quién se pregunte si orar en el Espíritu puede hacerte libre del alcohol, las drogas y cualquier otra adicción, solo recuerda lo que 2° de Corintios 3:10 dice: "...*Donde está el Espíritu de Dios, ahí hay libertad*". Orar en lenguas es tener convivencia con el Espíritu Santo, es por esto que la libertad física o emocional comúnmente viene por pasar tiempo con El.

La vida eterna no es simplemente un concepto mental. Fue una realidad física y espiritual en Cristo y debe de ser una realidad física y espiritual también para nosotros.

Yo conozco a otra amada hermana que tenía un desorden alimenticio a pesar de ser cristiana desde que tenía 12 años. A la edad de 19 años ella vino a Australia, y el cambio de alimentación le causó verse a sí misma como "gorda y fea". Por casi 3 años ella comió muy poco e hizo muchísimo ejercicio. Después de que llegó a nuestra iglesia ella descubrió el poder de creer y de declarar que la vida eterna estaba en su interior. Ella entendió que Cristo quería que ella usara sus palabras para cambiar sus situaciones, así como Jesús le habló a las enfermedades y a los demonios, y estos se iban. Jesús nos dijo a los creyentes: "De cierto, de cierto os digo: El que en mi cree [tu], las obras que Yo hago, él [tu] las hará también; y aún mayores hará, porque yo voy al Padre" (Juan 14.12). Así que esta hermana le hablo a su cuerpo.

Y le dijo a su cuerpo: "Yo tengo un metabolismo rápido y yo voy a pesar esto"; y ella dijo el número de kilogramos que pensó era lo ideal. En cuanto ella aceptó la imagen que Dios tenía de ella, y activó su fe hablando de acuerdo a los pensamientos de Dios, ella dijo: "Lo más importante es que el miedo me dejó. Ya no me daba miedo comer las cosas equivocadas. Solamente comí de manera normal y llegué a mi peso ideal". ¡El saber que tienes vida eterna es libertad!

> Estas cosas os he escrito a vosotros que creéis en el nombre del Hijo de Dios, para que SEPAIS que TENEIS [tiempo presente] vida eterna [Zoe], y para que creáis en el nombre del Hijo de Dios. — 1º de Juan 5:13

Jesús no solamente vino a perdonar nuestros pecados, sino también para darnos su misma Vida, Naturaleza y Poder. Nos dio una vida Zoe. Es nuestra. Dilo por ti mismo: *¡La vida eterna es una posesión presente para cada creyente! ¡Ahora tengo la Vida y la Naturaleza de Dios en mí!*

4
¡CÓMO PONER A TRABAJAR ESTA VIDA PARA TI!

Día 4

Cristo te ha hecho en un ser supernatural lleno de Su vida, fe y amor, pero tu tienes que descubrir, por ti mismo, qué es lo que Él ha hecho. Es obvio que no todo Cristiano está disfrutando la vida supernatural que Jesús vino a darnos. Solo la minoría de los cristianos realmente están experimentando una victoria plena. Otros parecen derrotados cuando se encuentran con el pecado, una enfermedad o Satanás. ¿Qué es lo que los Cristianos necesitamos hacer para poner a ésta vida a funcionar a nuestro favor?

Esta vida eterna no va a trabajar automáticamente para ti, solo porque leas este libro o escuches una predicación sobre el tema. Tú debes ECHAR MANO de ello con tu fe y tu boca. Habla declarando algunas de las escrituras cada día y renueva tu mente con su verdad. Pablo le dijo a Timoteo por inspiración del Espíritu Santo:

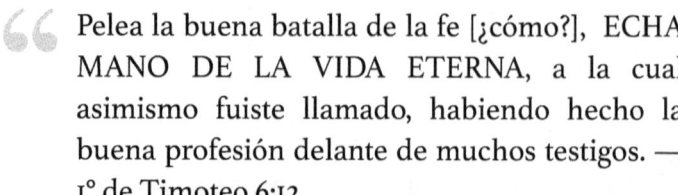 Pelea la buena batalla de la fe [¿cómo?], ECHA MANO DE LA VIDA ETERNA, a la cual asimismo fuiste llamado, habiendo hecho la buena profesión delante de muchos testigos. — 1° de Timoteo 6:12

El problema es que cuando los Cristianos son nacidos de nuevo, su espíritu es renovado instantáneamente, pero sus mentes y sus cuerpos permanecen intactos. Tú entiendes que cuando has sido salvo, si tienes ojos cafés, no se te cambian a azules y si tu mente nunca ha estudiado Chino, no vas a fluir en Chino de repente.

Si quieres caminar en la plenitud de esta vida eterna, vas a tener que hacer algo con tu mente y tu cuerpo. Romanos 12:1-2 instruye a los Cristianos a "presentar sus cuerpos como un sacrificio vivo" y a "renovar nuestro entendimiento (mente) con la Palabra de Dios".

A menos que nuestra mente y nuestros cuerpos se rindan a esa Vida y Naturaleza de Dios que está adentro de nuestro espíritu, no nos podremos beneficiar de ello en nuestra vida natural. Sí, podemos ser salvos, llenos del Espíritu Santo, y estar atorados. Sí, es posible.

No solo debemos aprender a cómo poner esta Vida a trabajar para nosotros, también debemos cambiar algunas creencias que se han vuelto POE [procedimiento de operaciones estándar] en las predicaciones y en la música de la Iglesia. (Si tú estás escuchando música secular, eso estimula emociones negativas dentro de ti, como enojo y sentimientos de un corazón roto. Yo te aconsejo que pares de escucharla las siguientes 4 semanas. La Biblia habla de diferentes tipos de ayuno. Yo he ayunado por 30 días de

¡CÓMO PONER A TRABAJAR ESTA VIDA PARA TI! | 35

diferentes cosas, como del chocolate, la televisión, de noticias [lo que es virtualmente siempre negativo], y también de música secular). También hay algunas canciones Cristianas las cuáles prefiero no escuchar ni cantar. Ellas no glorifican a Dios, ni están de acuerdo con la Biblia. Algunas canciones realmente dañan y roban nuestra fe, como aquellas que le ruegan al Espíritu Santo que venga, o le piden a Dios por más amor o más poder. Los Cristianos subliminalmente aceptan mensajes de debilidad y de falta de fe al cantar y escuchar estas canciones.

El Espíritu Santo vino en el día de Pentecostés y se quedó. Él no ha dejado a la Iglesia desde hace 2,000 años. ¡El Espíritu Santo está aquí! El poder de Dios está dentro de nosotros. El amor de Dios ha sido derramado en nuestros corazones nacidos de nuevo, por medio el Espíritu Santo que nos ha sido dado (Romanos 5:5). Si hemos nacido de nuevo y estamos llenos del Espíritu Santo, ya no necesitamos pedirle al Espíritu Santo que venga o suplicar por más del amor y poder de Dios. Necesitamos usar ese Amor y ese Poder en el nombre de Jesús. ¡Necesitamos cederle el paso a esa vida eterna que ya está presente en nuestros espíritus transformados!

La vida eterna es lo que ahora tenemos - es una posesión presente. Pero ésta revelación no va a caer sobre nosotros como el arroz cae en una fiesta de bodas. Tú necesitas estudiarlo y edificarlo en tu consciencia. Tienes que renovar tus pensamientos leyendo las Escrituras que te dicen; quién tú *eres* en Cristo, qué es lo que *tienes* en Cristo y qué es lo que tú *puedes hacer* en Cristo.

Y vas a tener que hablarlas, declararlas en voz alta, y como la 1° Carta de Timoteo 6:12 dice: *profésalas delante de muchos testigos (RVR60).* Dile a la gente, "Yo no soy la misma persona que solías conocer. Esa persona ha muerto y se ha ido. Yo soy una nueva persona. Tengo la Vida y Naturaleza de Dios dentro de mí, ¡Aleluya!" Díselo a Dios, a ti mismo, al diablo, a los ángeles, "¡Yo puedo porque Jesús vive en mí!".

Debido a que mi padre biológico dejó a mi madre antes de que yo naciera, rara vez pasé tiempo con él. El poco tiempo que pasaba conmigo de niño, terminaba golpeándome muy fuerte porque no hacía lo que me había dicho. Ese era mi recuerdo de él. El poco tiempo que pasó conmigo como adolescente, entrábamos en pleitos y yo le decía cosas o le ponía nombres. En una ocasión le dije: "eres un cobarde"; Y creo que ir en un auto a toda velocidad, no era el mejor momento para decírselo. Literalmente el auto se desvió bruscamente del camino al alcanzarme de un puñetazo. ¡Yo creí que íbamos a tener un accidente en el auto y morir!

Después de que nací de nuevo en Tailandia, yo quería que todos vieran que Jesús había cambiado mi vida. Yo ya no utilizaba malas palabras, o visitaba clubs, ni consumía drogas. Después de un par de años, tuve la oportunidad de regresar a Australia y busqué la ocasión oportuna para ver a mi padre. (Nosotros los que conocemos el amor de Dios, debemos ser los primeros en buscar a las personas. El amor trata de eliminar las distancias. Eso es lo que Jesús hizo por nosotros cuando éramos pecadores. El vino a eliminar la distancia entre Dios y el pecador). ¡No esperes a que los demás den el primer paso! ¡Tú como Cristiano debes de dar el primer paso!

Fuimos a cenar con su esposa actual y sin importar cuánto yo tratara de compartir la bondad de Dios, él no quería reconocer ninguno de los cambios que Dios milagrosamente había hecho en mí. En cambio, trató de condenarme recordándome mí pasado... lo terrible que yo había sido, como me enojaba y como perdía el control. El diablo va a tratar de usar a las personas más cercanas a ti, para burlarse de ti y alejarte de Dios. Jesús dijo, "Nadie es profeta en su propia tierra" (Lucas 4:24).

A pesar de que era un nuevo cristiano, había aprendido lo suficiente de las Escrituras para recordar Segunda de Corintios 5:17. Nos encontrábamos sentados a la mesa uno frente al otro, y lo miré a los ojos con el amor de Dios y le dije estas palabras: "Ese Steve del cual estás hablando ésta muerto", en la segunda carta a los Corintios 5:17 dice: "SI yo estoy en CRISTO, soy una nueva criatura. ¡Las cosas viejas pasaron, he aquí todas son hechas nuevas!" Hasta éste día yo no sé si el entendió lo que le dije, pero nunca ha vuelto a mencionar mi pasado otra vez.

Como puedes ver, la Palabra de Dios tiene poder. No necesitamos esperar a que otras personas crean en la Biblia antes de que nosotros creamos en ella. Yo les cito la Biblia a personas que dicen que no creen en ella, y a pesar de eso la Biblia produce resultados. La palabra de Dios es verdad concentrada. La mente de las personas la puede rechazar al principio, pero la consciencia de las personas sabe que es verdad. Yo le mencioné 2° de Corintios 5:17 a mi papá para que él supiera lo siguiente:

1. **Yo estaba de acuerdo con él sobre mi pasado.** Yo *fui* un terrible pecador (He aprendido que lo mejor que puedes hacer cuando alguien te acusa de algo, es estar de acuerdo con ellos y seguir adelante), y...
2. **Yo ya no soy esa persona.** Yo morí en Cristo y he

recibido vida nueva. He nacido de nuevo. ¡Mi pasado no gobierna sobre mi futuro! ¡Soy libre!

Una vez que hablo la Palabra de Dios con amor, depende de Dios confirmarla. Yo ya no tengo que preocuparme más por las palabras de mi padre. Es tan importante para nosotros aprender a contrarrestar las palabras no edificantes de la gente por medio de la Palabra de Dios. La fe es nutrida a través de nuestras declaraciones de la Palabra de Dios.

¿Cómo podemos crecer espiritualmente?

> Sino para que PROFESEMOS la verdad en amor y CREZCAMOS en todo en CRISTO que es la cabeza. — Efesios 4:15 (RVC)

Crecemos mediante el hablar la verdad en amor, no solamente por saber la verdad o por estar de acuerdo con ella. Debemos declarar quiénes somos EN CRISTO, y qué es lo que tenemos POR EL. Tenemos la Vida Zoe. Tenemos nuestra redención. Tenemos lo mismo que estaba en Jesús que hizo a los demonios gritar y a las enfermedades salir.

Cuando Dios quiere revolucionar tu vida, comienza por cambiar como te vez a ti mismo y como hablas de ti mismo. El cambio el nombre de Abram por "Abraham" (en Hebreo significa "padre de multitudes") antes de que naciera su hijo

Isaac. Abraham tuvo que ir a sus vecinos pidiéndole, "llámenme *Padre de Muchas Naciones*", cuando toda su familia consistía en Sarah y él viviendo solos. Quizás fue un poco incómodo para los vecinos el escuchar a Abraham pero, ¿se cumplió la Palabra de Dios? ¡Todo Israel y casi todo el Medio Oriente recibe su linaje de este padre quien habló la Palabra de Dios: Abraham!

Dios envió un ángel a Gedeón para llamarlo "un poderoso hombre de valor", antes de que derrotara al ejército de los Madianitas o hiciera algo valeroso ante los ojos de su nación (Jueces 6:12).

Dios envió a un profeta para llamar a David "rey" mucho antes de que el hubiera puesto un pie en un palacio (1° de Samuel 16). Sus vecinos lo conocían únicamente como un joven pastor de ovejas.

Tal vez tú digas: "¡Como quisiera que alguien importante hablara así de mí!". Pues alguien muy importante ya lo hizo; ¡Dios! ¿Por qué no dejar que Sus palabras le den forma a cómo te vez a ti mismo y como hablas de ti mismo? Nuestras personalidades toman forma por medio de palabras. Nuestros destinos son decididos a través de palabras. Las palabras de Dios decretan más poderosamente tu destino que las de ninguna otra persona. Tu activas el poder de Sus palabras cuando las crees y las hablas todos los días.

Aquí hay cuatro Escrituras más que nos dicen la importancia de las palabras:

La muerte y la vida están en poder de la lengua, y el que la ama comerá de sus frutos. — Proverbios 18:21

¡Cómo podemos nosotros hablar diferente, más sabiamente y más gentilmente cuando entendemos que nuestras palabras tienen el poder de vida y de muerte! Yo no creo que los esposos Cristianos deban de hacer bromas sobre sus esposas de una manera humillante y vergonzosa frente a otras personas. Un esposo tiene el poder de traer vida o muerte a su esposa solamente con las palabras que él habla.

Yo no estoy de acuerdo con algunos padres que bromean acerca de que sus hijos son un "terror", o que están esperando estar lejos de sus hijos en vacaciones. ¿Qué es lo que esos chicos pensarán de sí mismos cuando escuchen que son una carga para sus padres? ¿Qué tipo de identidad está siendo formada en esos chicos? Los padres tienen el poder de la vida y de la muerte en su lengua.

A mí me gusta estar con mis hijos y hacérselo saber. Mi esposa y yo los educamos para que sean amables y atentos. Yo siempre espero estar más tiempo con ellos, no menos. Y los quiero llevar de vacaciones conmigo. Yo sé que algún día dejarán nuestro nido, pero mientras estén aquí con nosotros, les expreso mi amor, mi alegría y mi gusto de estar con ellos. Son niños agradables porque nosotros creemos y hablamos que son niños serviciales, tranquilos y obedientes. No, no son prefectos, pero están siendo positivamente formados por las palabras que nosotros sus padres hablamos.

Muchos padres luchan con sus adolescentes adictos al Internet o a la pornografía. Pero hablaremos de esto con mas detalle en el Capítulo 7. Algo que he notado en cada caso de niños adictos a la pornografía, es que ellos tienen habilidades sociales y de comunicación muy bajas. La falta de desarrollo en estas áreas se puede rastrear hasta sus

¡CÓMO PONER A TRABAJAR ESTA VIDA PARA TI! | 41

padres, por no comunicarse con ellos lo suficiente o por hablar por encima de ellos. Los muchachos se quejan conmigo de que sus padres no los escuchan.

Quizá te preguntes: "¿Cuál es la conexión entre la poca comunicación y la pornografía? Quizás esto te parezca un poco simple, pero los muchachos preferirían tener una relación verdadera que estar mirando fotos de mujeres desnudas. ¿A quién le gustaría quedarse viendo fotografías sucias en un cuarto obscuro y solitario cuando pueden estar junto a una persona real?

Pero muchos niños de hoy no han sido equipados con habilidades para vivir una vida sabia. (Yo ofrezco algunos consejos y tutoría a través de mi blog: Cioccolanti.org).

¿Cómo pueden los padres comunicarse con sus hijos específicamente sobre sexo y el salir con el sexo opuesto? Aquí hay tres métodos tradicionales los cuales, no cuentan con una buena comunicación en nuestra familia:

1. **Tener la "plática del sexo".** Tú sabes a lo qué me refiero. El incómodo sermón de una-vez-en-la-vida, sobre el no tener sexo antes del matrimonio.
2. **Decirles, "no es hora de tener novio o novia."** Esto se dice tanto y tan repetidamente en cuanto comienzan a notar al sexo opuesto o comienzan a ser invitados a salir. Y esta prohibición normalmente cae en oídos sordos, porque es solo eso, una prohibición sin muchas razones y sin mucha comunicación.
3. **Preguntarles, ¿En dónde has estado? ¿Por qué llegaste a casa tan tarde?** Esto no es comunicación y los padres y los hijos lo saben. Los padres recurren

a esto una vez que sus hijos comienzan a salir en citas, y la situación parece estar fuera de su control.

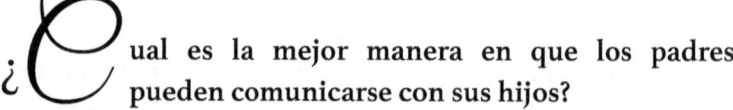

¿Cuál es la mejor manera en que los padres pueden comunicarse con sus hijos?

1) **Tú necesitas hacer muchas citas con tus hijos para tener cientos de "pláticas sobre el sexo" orientado conforme a su edad.** Salir con ellos una vez por mes les da muchas oportunidades para madurar y crecer. Tienes que reafirmar su sexo continuamente. Y debes de mantener las puertas de comunicación abiertas, para que ellos sepan que es seguro venir primero a sus padres. De otra manera, ellos correrán a los amigos de la escuela o con alguna otra mala influencia. Puedes mantener una puerta abierta hablando menos y escuchando más.

2) **Tu deberías de explicarle a tus hijos, el por qué es preferible para ellos aún no salir en citas, y cuándo sería más conveniente que lo hicieran.** Las razones de Dios están en las Escrituras. Ábrela con ellos y léanlas juntos (Yo proveo algunas en el Capítulo 7). Tú podrás tener tus propias razones. Para mí es cuestión de prioridades y madurez. No le veo el caso que los chicos salgan en citas, hasta que se hayan graduado de la escuela y puedan ser responsables por otro ser humano. Si ya son estables y pueden cuidar de sí mismos, entonces no hay razón por la cual no puedan salir a citas, con el propósito de encontrar a alguien para el matrimonio. Mi propósito en esperar a salir a citas no es con la intención de estropear su diversión, ni de comunicarles que no son lo suficientemente buenos para tener un novio o novia. ¡No! ¡Mi énfasis es que ellos son demasiado buenos

para entregarse a cualquier persona! Jesús no vino solamente a perdonar sus pecados; El también vino para darles vida en abundancia en todas las áreas. Dios los ha creado con un propósito y un destino, y no todo chico o chica que diga, "te quiero" califica para ser su compañero de vida.

3) ¡Una vez que comiencen a salir en citas no cortes la comunicación! Muchos padres pasan de un extremo de gritarles a sus hijos: "¡No hay citas!" al otro extremo de estar totalmente no involucrados después de que su hijo o hija tienen una novia o un novio. ¿Por qué no ayudarles a planear sus citas? ¿A escoger su ropa? Habla con ellos sobre lo que van a hacer y ayudarles a establecer buenos límites físicos y un horario razonable. Sería sabio preguntarles cuando van a fiestas, si había gente fumando, si hay alcohol, drogas o si había parejas jóvenes escapando a un cuarto privado a solas. También puedes verificar la historia con otras personas que hayan atendido a la fiesta. Muéstrales que estás de su lado y que te importan.[1]

¡Así es como los padres pueden descargar la Vida de Dios en sus hijos! Tus palabras son mucho más importantes para tus hijos que las palabras de cualquiera de sus compañeros. Dios te dio la autoridad de ser padre, si lo has hecho mal en el pasado, humíllate y diles a tus hijos que te equivocaste. Pídeles perdón y trata de comenzar de nuevo. En la mayoría de los casos no es demasiado tarde. Los hijos que son amados y que están bien ubicados socialmente, buscarán una buena relación, en lugar de un sustituto vulgar como la pornografía.

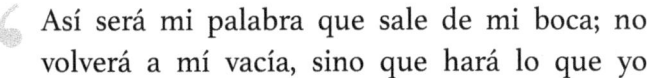

Así será mi palabra que sale de mi boca; no volverá a mí vacía, sino que hará lo que yo quiero, y será prosperada en aquello para que la envié. Isaías 55:11

Las palabras de Dios son poderosas. Hay un poder creador en la Palabra de Dios. Cuando Dios habló el universo fue creado. Ahora, cuando nosotros hablamos la Palabra de Dios, estamos desatando la fuerza más poderosa que el mundo jamás haya conocido en nuestras vidas y en nuestra familia. Dios promete que sus Palabras no volverán a Él sin efecto o vacías. En otras palabras, no fallarán. Estas producirán resultados.

> Nunca se apartará de tu boca éste libro de la ley, sino que de día y de noche meditarás en él, para que guardes y hagas conforme a todo lo que en él está escrito; porque entonces harás prosperar tu camino, y todo te saldrá bien. — Josué 1:8

¡Si queremos disfrutar de prosperidad y éxito, debemos de meditar en la Palabra de Dios, especialmente en las revelaciones del Nuevo Testamento de quienes somos EN CRISTO y de la vida de Dios en nosotros! Nosotros necesitamos volvernos cada vez más conscientes de lo que Dios realmente ha hecho por nosotros a través del sacrificio de Jesucristo. El vino a darnos mucho más que el perdón de nuestros pecados. El vino a darnos vida eterna. Especialízate profundamente en ésta revelación y serás libre de toda carga emocional, ataduras de adicción y disfrutarás de una buena vida. Vivirás para compartir a Jesús con otros en tu mundo, porque ¡Cristo vive en ti!

 Y ellos le han vencido por medio de la sangre

del Cordero y de la palabra del testimonio de ellos, y menospreciaron sus vidas hasta la muerte. — Apocalipsis 12:11

¿Cómo pudieron los creyentes superar los obstáculos y los retos? Por medio de Su sangre y de sus palabras. Declara en voz alta: "Yo he superado todas las fuerzas del mal en mi vida por la Sangre del Cordero y por las palabras de mi testimonio". Y ahora, ¡Ve y cuéntaselo a otra persona! El enemigo del género humano ha sido derrotado. La muerte ha perdido la victoria. Tú no tienes que tenerle miedo a la muerte o a ningún otro enemigo, porque Dios los venció por medio de su Vida de Resurrección. Y después, ¡Dios puso Su vida dentro de ti! Haz que la palabra de Dios forme parte de tu conversación. ¡Da testimonio de esa victoria hoy!

---

1. Estos consejos y más se pueden encontrar de forma gratuita en el libro "Sex, Lust & XXX" (Sexo, Lujuria y XXX), de Chris Spradlin www.EpicParent.tv (en Inglés).

5

EL PLAN DE MEDITACIÓN DE 30 DÍAS

Días 5 al 11

Uno de los misterios mas grandes del Cristianismo es resumido en las palabras: CRISTO EN TI— ¡Dios está realmente viviendo dentro de ti el creyente! Hay alrededor de 100 Escrituras en el Nuevo Testamento que nos enseñan quiénes somos en Cristo y lo que tenemos por causa de Cristo. Muchas de ellas contienen las palabras: "en Cristo", "en EL", "en Quién", "con Cristo", "a través de Él", "por Quién", etc. Algunas de ellas contienen las palabras "vida eterna" o "vida por siempre" (para siempre). Otras simplemente te hablan sobre el poder que Dios te ha dado como creyente.

¡Usa estas Escrituras! Márcalas en tu Biblia, personalízalas por medio de la declaración: "¡Esa es mía!, ¡La Palabra de Dios es Dios mismo hablándome *a mí* y *sobre mí*!". Háblala de manera continua sobre ti, sobre tu familia y sobre tú Iglesia. La fe, como el amor, necesitan una expresión externa. No es amor hasta que lo expresas. ¡No es fe hasta que lo dices!

Un joven cristiano estaba luchando por admitir que su sueño era convertirse en un escritor. Jon Acuff había publicado algunos blogs y artículos en revistas, pero le daba miedo llamarse a sí mismo un profesional. Escribió:

> En medio de la lucha por encontrar mi llamado, tuve la oportunidad de entrevistar a Steven Pressfield, el autor de *La Guerra del Arte*. Y le pregunté, "¿Cuándo un escritor se vuelve un escritor?", y él dijo siete palabras que cambiaron por siempre la forma que yo tenía de pensar sobre el escribir: "Lo eres cuando dices que lo eres". Entonces, ¿Cómo es que te conviertes en un escritor profesional? Di que eres uno. Después créelo. Y entonces comienza a hacerlo.[1]

Los siguientes cinco capítulos contienen 70 Escrituras que edificaran tu identidad pues te mostrarán quien eres en realidad, y qué es lo que Dios realmente piensa de ti. Funcionan únicamente si meditas en ellas. La palabra "meditación" en la Biblia no significa que te sientes en silencio o que vacíes tu mente. Por el contrario, meditar significa llenar tu mente con los pensamientos de Dios y después hablarlos.

La palabra Hebrea para meditación es *hagah* y significa 'reflexionar' y 'murmullo'. Reflexionar significa ser absorbido por un pensamiento. Reflexionar está relacionado tanto con la memoria así como con la música. La meditación Bíblica incluye los elementos de 1) pensar, 2) declarar, 3) memorizar y 4) preguntar. Muchos padres cristianos entrenan a sus hijos a memorizar una Escritura al día. Memorizar las Escrituras debería de ser una parte normal de la vida del cristiano. Declararlo te ayuda a pensar con más claridad, memorizar más rápido y hacer mejores preguntas. Recuerda que lo eres cuando dices que lo eres. El acto de declarar (o hablar) es fundamental para la meditación.

Yo te recomiendo que declares estas Escrituras audiblemente al menos por los siguientes 24 días. Personalmente yo he utilizado estas oraciones-Escrituras una y otra vez. Yo las he orado por más de 30 días. Y he vuelto a ellas en diferentes momentos de mi vida, cuando he necesitado subir el ánimo o un renuevo espiritual. Por lo tanto, tal vez desees repetir estos cinco capítulos por 30 días o más. Yo creo que se puede romper viejos hábitos y crear nuevos en un período de 30 días. Mucha gente ha creado un nuevo patrón de pensamiento y estilo de vida siguiendo esta regla de 30 días.

Conforme vas hablando éstas verdades, experimentarás libertad y victoria en áreas que antes eran difíciles y de fracaso para ti. Si tú te concentras en éstas verdades, serás tan cambiado, que no te reconocerás a ti mismo. Si tú las edificas en tu consciencia; en el primer momento de ataque de parte del diablo, éstas Escrituras saldrán de tu espíritu y serán declaradas por tu boca. Tu mente puede ser tan renovada con estas verdades que podrás sentir ¡como si hubieras nacido de nuevo, OTRA VEZ! De hecho, no estás naciendo de nuevo otra vez, pero tu mente estará entrando en la realidad de lo que Dios ha hecho en ti por medio de Cristo.

Las siguientes Escrituras están separadas en 5 Capítulos y

tienen la intención de ayudarte a iniciar con declaraciones, de quién eres en Cristo y qué es lo que tienes a causa de Él. Básicamente están listados en el orden de como aparecen en el Nuevo Testamento. **Repítelas cada día** por las siguientes semanas y siéntete libre de buscar otras Escrituras similares. Tú serás dotado de poder y cambiado por la Palabra de Dios.

ÉL MISMO tomó nuestras enfermedades y llevó nuestras dolencias. — Mateo 8:17

*D**eclara: El tomo mis enfermedades y cargó con mis dolencias. ¡Si El las cargó yo ya no tengo porque cargarlas! El diablo legalmente no puede poner en mí lo que Dios ya le cargó a su Hijo. -Pecado, enfermedad, depresión, dolor y todo mal. Él lo cargó por mí.*

El discípulo no es más que su maestro, ni el siervo más que su Señor. Bástale al discípulo ser COMO SU MAESTRO, y al siervo COMO SU SEÑOR. Si al padre de familia llamaron Belcebú, ¿cuánto más a los de su casa? Así que, no los temáis; porque nada hay encubierto, que no haya de ser manifestado; ni oculto, que no haya de saberse. — Mateo 10:24-26

Jesús dijo: Yo no estoy por encima de Él, ¡pero soy como El! Yo he sido hecho a semejanza de mi Padre Celestial. La gente me ve y se acuerda de mi Señor (Hechos 4:13). El apóstol Juan dijo: "...pues como Él es, así somos nosotros en éste mundo" (1° de Juan 4:17). Por lo que al diablo respecta, yo soy como Jesús, porque Él está en mí. Y así como algunos rechazaron al Señor, también algunos me rechazarán a mí. Y no permitiré que eso me ofenda o me moleste, porque yo no estoy por encima de mi Maestro.

EL PLAN DE MEDITACIÓN DE 30 DÍAS | 51

Id por todo el mundo y predicad el evangelio a toda criatura. El que creyere y fuere bautizado, será salvo; más el que no creyere, será condenado. Y estas señales seguirán a los que creen: En mi nombre echaran fuera demonios; hablarán nuevas lenguas; tomarán en las manos serpientes, y si bebieran cosa mortífera, no les hará daño; sobre los enfermos pondrán sus manos, y sanarán. — Marcos 16:15-18

Jesús me ha autorizado para ser Su Embajador. El me abrirá puertas para decirle a la gente porqué vino Jesús. Y en el Nombre de Jesús estoy comisionado para echar fuera demonios, hablar en lenguas, viajar sin temor a ser lastimado e impartir sanidad a los enfermos. Estas señales me siguen porque yo creo en Su Nombre.

He aquí os doy potestad de hollar serpientes y escorpiones, y sobre toda fuerza del enemigo, y nada os dañará. — Lucas 10:19

El diablo no tiene poder en contra de mí en el Nombre de Jesús. El Señor me ha dado el poder para "pisotear" serpientes y escorpiones, así que yo pisoteo todo el poder del enemigo, nada me dañará (Moffat). Ninguna arma forjada en contra de mi prosperará (Isaías 54:17).

Porque de tal manera amó Dios al mundo, que ha dado a su hijo unigénito, para que todo aquel que en Él cree, no se pierda, más tenga vida eterna. — Juan 3:16

Dios me ama tanto que dio a su único Hijo, para que yo que creo en Él, no muera mas tenga vida eterna. La vida eterna es una posesión presente. Yo tengo vida eterna ahora porque yo creo en su Hijo.

Así que, si el Hijo os libertare, series verdaderamente libres. — Juan 8:36

¡Jesús me ha hecho libre! Yo soy libre de stress y libre de preocupación; estoy confiado. Yo me niego dejar al diablo que robe mi libertad. Soy libre de falta de perdón, de falsos estándares de éxito, de miedo de hablar en público, de inseguridad, celos, depresión, pornografía y tendencias suicidas. ¡Jesús pagó el precio para que yo pueda vivir libre!

De cierto, de cierto os digo: El que EN MÍ cree, las obras que yo hago, él las hará también; y aún mayores hará, porque yo voy al Padre. — Juan 14:12

¡Cristo tiene fe en mí! Jesús dijo que yo podía hacer lo que Él hizo. Yo puedo hacer lo que Él hizo, de la misma forma como Él lo hizo; a través de la persona del Espíritu Santo. El mismo Espíritu Santo que ungió a Jesús, me unge a mí para hacer su obra. Yo puedo sanar a los enfermos, resucitar a los muertos y echar fuera a los demonios. Yo debo de ver por los negocios de mi Padre.

Yo soy la vid, y vosotros los pámpanos... Si permanecen EN MI y Mis palabras permanecen en vosotros, pedid todo lo que queréis y os será hecho. — Juan 15:5, 7

Todas mis oraciones son contestadas porque yo permanezco en Jesús (cuando fui nacido de nuevo), y sus palabras permanecen en mí (cuando leo su Palabra, medito y oro diariamente). Estoy íntimamente conectado con el Señor. Así como la savia fluye a través de una planta; su vida, fe y amor fluyen a través de mi hombre interior. Su vida Zoe —la Vida de Dios—está en mí. Su naturaleza—la fe y la naturaleza de su amor—están en mí.

Si el mundo os aborrece, sabed que a mí me ha aborrecido antes que a vosotros. Si fuerais del mundo, el mundo amaría lo suyo; pero porque no sois del mundo, antes YO OS ELEGI del mundo, por eso el mundo os aborrece. ACORDAOS DE LA PALABRA que yo os he dicho: El

siervo no es mayor que su Señor. Si a mí me han perseguido, también a vosotros os perseguirán; si han guardado mi palabra, también guardarán la vuestra. — **Juan 15:18-20**

Mi comentario: Convertirse en Cristiano significa conocer a Cristo. Así como El cargó una cruz, también nosotros cargaremos una cruz. Así como El sufrió rechazo, nosotros también sufriremos algún rechazo. Sin embargo, El prometió que su yugo es fácil y ligera su carga. (Mateo 11:30).

Yo he aprendido que es muy importante desechar cuanto antes al espíritu de rechazo de mi corazón. El Dr. Mike Murdock, me ha ayudado particularmente con algunos de sus "bocadillos" de sabiduría, incluidos a continuación. Aquí hay sabiduría para cuando te sientas rechazado:

El rechazo es cuando Dios endurece el corazón de alguien que Él no quiere en mi vida (piensa en Faraón y en Moisés).
El rechazo viene cuando Dios descalifica a alguien que Él sabía yo no lo haría.
El rechazo es el remover divino de un lugar, del cual, yo era demasiado débil para quitarme a mí mismo.
El rechazo ocurre cuando Dios no quiere a alguien en mi futuro.
El rechazo me cura de depender de otros como de un par de muletas y me ayuda a confiar completamente en Dios.
El rechazo es progreso. ¡Gracias a Dios por el rechazo!
Entre más rechazo yo experimente, más preparado estaré cuando encuentre la aceptación.
Entre mayor es el rechazo, mayor es la recompensa. (Piensa en la posición más alta en el gobierno nacional; para ser Presidente de los Estados Unidos de América, un candidato tiene que haber sido rechazado por lo menos por el 50% de la población que no lo

quería allí y votó por su oponente). Yo no necesito gustarle a todo el mundo para ser exitoso ante los ojos de Dios.

El rechazo es de esperarse de todos los más cercanos a mí. Jesús dijo: "Yo os digo la verdad....nadie es profeta en su propia tierra" (Lucas 4:24). Mi familia me mantiene humilde. Mis parientes verán mi éxito, pero no permitirán que suba a la cabeza. Nunca seré "demasiado grande" para ellos. Mi familia es mi entrenamiento. Todas las personas a las que tengo que enfrentar en el mundo ya se encuentran en mi familia. Dios me da a mi familia para prepararme para mi asignación.

El rechazo no es permanente. "NO", no significa "nunca".

El rechazo es la evidencia de que no es la persona correcta, el lugar correcto o el tiempo correcto; aún.

El rechazo me concentra nuevamente en mis obligaciones actuales.

El rechazo me ahorra tiempo.

El rechazo me da claridad.

El rechazo de las personas me conduce a pasar más tiempo con Dios en oración. La aceptación raramente lo hace. Ten cuidado con el abismo de la popularidad.

[La oración de Jesús a su Padre] **La Gloria que me diste, yo les he dado, para que sean uno, así como nosotros somos uno. YO EN ELLOS y Tú en mí, para que sean perfectos en unidad, para que el mundo conozca que Tú me enviaste, y que los has amado a ellos COMO TAMBIÉN a mí me has amado. — Juan 17:22-23**

¡Dios me ama de la misma manera que ama a Jesús! Hay cosas que yo puedo hacer para complacer a Dios, pero no hay nada que pueda hacer para que Dios me ame menos o más. ¡El me ama tanto como ama a Jesús!

Porque EN EL vivimos, y nos movemos, y somos. — Hechos 17:28

Todo lo que está vivo está en movimiento. La vida se mueve hacia el crecimiento y el aumento. En Cristo yo estoy vivo, moviéndome y tengo mi ser. En Él tengo vida, dirección y propósito.

Siendo justificados gratuitamente por Su gracia, mediante la redención que es EN CRISTO Jesús. — Romanos 3:24

En Cristo soy gratuitamente justificado y hecho recto delante de Dios.

Pues si por la transgresión de uno solo reinó la muerte, mucho más reinarán en vida por UNO SOLO, JESUCRISTO, los que reciben la abundancia de la gracia y el don de la justicia. — Romanos 5:17

Yo he recibido gracia en abundancia y el regalo de la justicia. Si la rectitud es un regalo, entonces no tengo que hacer nada para ganarlo o merecerlo. Yo lo recibo como un regalo gratuito. Yo reino como un rey en mi dominio en la vida a través de Jesucristo.

Ahora, pues, ninguna condenación hay para los que están EN CRISTO Jesús, los que no andan conforme a la carne, sino conforme al Espíritu. Porque la ley del Espíritu de vida en CRISTO Jesús me ha librado de la ley del pecado y de la muerte. — Romanos 8:1-2

Porque yo estoy en Cristo Jesús, AHORA MISMO; tiempo presente, no hay ningún sentido de condenación sobre mí. La ley del Espíritu de la Vida Zoe EN CRISTO Jesús, me ha hecho libre de la ley del pecado y de la muerte. Camino en amor, camino a la luz de la ley de ésa vida Zoe, y ningún germen, enfermedad, o peste podrá allegarse a mí. Yo resistiré al diablo y él huirá de mí (Santiago 4:7).

Y si hijos, también herederos; herederos de Dios y coherederos CON CRISTO, si es que padecemos juntamente con Él, para que juntamente con ÉL seamos glorificados. — Romanos 8:17

¡Yo he nacido en la familia correcta! No consentiré tener una mentalidad de víctima, ni hablar con un lenguaje de víctima. Soy un heredero con Cristo. Muchos beneficios me esperan conforme ejercito mis derechos en Cristo y espero lo mejor de Dios. Ser un heredero lleva consigo un privilegio de compartir ambos, la gloria y el sufrimiento del alto estatus de Cristo. Aun cuando yo sufra, es porque soy un ganador, no una víctima.

Y sabemos que a los que aman a Dios, todas las cosas les ayudan a bien, esto es, a los que conforme a Su propósito son llamados. — Romanos 8:28

Todas las cosas están trabajando en conjunto para mí bien, porque amo a Dios, y he sido llamado de acuerdo a Su propósito. No me quejaré como Job o Jacob, en su lugar, me alegraré porque Dios está preparando todo para mi bien, y ¡mi situación final será mucho mejor que mi principio! (Génesis 42:36, Job 42:10, Hageo 2:9).

Antes, en todas estas cosas somos más que vencedores POR MEDIO DE AQUEL que nos amó. — Romanos 8:37

¡No Satanás! Tú no me puedes vencer. Yo siempre digo "¡NO!", al diablo y "¡Sí!", a la palabra de Dios. Y en todo esto yo gano una victoria sobresaliente a través de Aquél, Quién ha probado Su amor por mí. Yo enfrento a la vida sin temor. ¡Soy un conquistador!

[Cristo] **nos ha sido hecho por Dios sabiduría, justificación, santificación y redención.** —1° de Corintios 1:30

EN CRISTO yo soy sabio—Yo tengo madurez;
Yo soy justificado—Yo tengo seguridad;
Yo estoy santificado— Yo tengo pureza;
Yo soy redimido – Yo tengo identidad.
¡Pertenezco a la familia de Dios!

Mas a Dios gracias, el cual nos lleva siempre en triunfo en CRISTO Jesús, y por medio de nosotros manifiesta en todo lugar el olor de su conocimiento. — 2° de Corintios 2:14

Gracias le doy a Dios quién siempre me lleva a triunfar en Cristo. Yo estoy agradecido con Dios por guiarme a la victoria. A donde quiera que vaya hace de mi vida un constante desfile de triunfos en Cristo, esparciendo el perfume de Su sabiduría en todas partes a través de mí (Moffatt).

Pero el entendimiento de ellos se embotó; porque hasta el día de hoy, cuando leen el Antiguo Pacto, les queda el mismo velo no descubierto, el cual por CRISTO es quitado. — 2° de Corintios 3:14

El velo que cegó las mentes de los santos del Antiguo Testamento, ha sido eliminado ¡EN CRISTO! Su vida ilumina mi espíritu y aumenta mi capacidad mental. (Ver Salmo 119:97-100).

Nunca jamás vuelvas a decir que eres tonto o lento, aunque lo hayas escuchado a otras personas decírtelo, ¡No es verdad! Tú has sido transformado por Cristo y Su vida eterna está fluyendo desde tú corazón y penetra tu mente y tu cuerpo. Su sabiduría es tú sabiduría. ¡Créelo y espera que fluya fuera de ti!

---

1. Acuff, Jon, "The secret to becoming a professional writer" (*El secreto para convertirse en un escritor profesional*), publicado el 15 de Junio del 2012. http://www.jonacuff.com/blog/the-secret-to-becoming-a-professional-writer/

PLAN DE 30 DÍAS DE MEDITACIÓN — EL PROPÓSITO DE LA LIBERTAD

Día 12

> Porque El Señor es el Espíritu; y donde está el Espíritu del Señor, allí hay libertad. — 2° de Corintios 3:17

*D*eclara: Dios me da libertad, la libertad de escoger entre el bien y el mal, pero Él quiere que yo use mi libertad para escogerlo a Él. Entre más lo siga, y más desee al Espíritu Santo, más libre seré. La verdadera libertad viene de mi relación con el Espíritu del Señor. Jesús dijo: "El Espíritu del Señor está sobre mí, porque Él Me ha ungido...para proclamar LIBERTAD a los cautivos....y para LIBERTAR a aquellos que están oprimidos". ¡Dios quiere que yo sea libre!

Vamos a meditar en ésta Escritura hoy. ¿Por qué es importante para nosotros ser "libres"? ¿Qué se supone que tenemos que hacer con nuestra libertad? ¿Cómo debemos de mantener nuestra libertad?

Desde los días de mi universidad hasta hora, me gusta acercarme a los estudiantes en su campus. Una de las objeciones más comunes que escucho de los estudiantes cuando los invitamos a la iglesia es: "No tengo tiempo". Y mi pregunta para ellos es: "¿Tienes dos hijos? ¿Estás pagando algún tipo de hipoteca? ¿Trabajas tiempo extra?" No, estoy bromeando. No, no les pregunto eso porque sería sarcástico. Nosotros que estamos casados y tenemos hijos, sabemos que ¡los estudiantes tienen más tiempo libre que cualquier otra persona en el mundo!

Lo que sí les pregunto es: ¿Qué harías si tuvieras más tiempo libre? Si te sientes tan restringido ahora que no puedes darte el lujo de poner a Dios primero, ¿qué sería diferente para ti, si de repente Dios te diera más tiempo libre? ¿Qué harías con ésta libertad?

Esta no es una pregunta académica. Todos tendran una probadita de más tiempo libre. Todos tendrían la oportunidad de administrar más tiempo libre. Tal vez no vendrá de la forma que a ti te gustaría, pero vendrá. He visto a muchos adultos quejándose de que no tienen tiempo para Dios, pero cuando pierden su trabajo o están confinados al reposo por una enfermedad, de pronto tienen mucho tiempo libre. ¿Y qué hacen con éste?

En casi todos los casos que he visto, lo han desperdiciado. El Cristiano enfermo no utilizó su tiempo libre para estudiar la sanidad en la Biblia o para conocer a Cristo el Sanador. El Cristiano desempleado no utilizó su tiempo libre para entrar a una escuela Bíblica o ir a reuniones de oración más seguido. En lugar de esto, pudieron pasar 6 horas al día viendo videos rentados o navegando en Internet en busca de un trabajo. Dios les dio tiempo libre, pero ellos no supieron cómo usar esa libertad.

La mayoría de los estudiantes tienen algún tiempo libre. Aun cuando tienen trabajos por entregar y se aproximan los exámenes, tienen tiempo para citas largas y para fiestas que terminan hasta altas horas de la noche. Y luego, si terminan la relación con un novio o una novia, entonces son bendecidos con mucho más tiempo libre. Y en lugar de usarlo para mejorar sus vidas, algunos se aíslan y hasta le echan la culpa a Dios por una relación que en primer lugar no debieron de haber iniciado. No han aprendido a usar su libertad.

¿Porque es importante ser libre?

Dios tiene un propósito especial en nuestra libertad. Siete veces Dios le dijo a Moisés que le ordenara a Faraón: "¡Deja ir a mi pueblo...!" Pero ése no era el final de Su declaración. Dios dijo: "Deja ir a mi pueblo, PARA..." La palabra "para" precede al propósito de nuestra libertad. Dios quería a su pueblo libre por una razón. ¿Sabes cuál es la razón de Dios? Él lo repitió siete veces. "Deja ir a mi pueblo, PARA que ME SIRVAN" (Éxodo 7:16, 8:1, 8:20, 9:1, 9:13, 10:3, 10:7).

Mi mentor una vez le preguntó a una mujer enferma qué estaba atendiendo una reunión de sanidad: "¿Para qué quiere usted ser sanada?" Ella le contestó: "Para poder jugar tenis". ¡Ese tipo de persona no va a ser sanada! Santiago lo dijo: "Pedís y no recibís porque pedís mal, para gastar en vuestros deleites" (Santiago 4:3). Sucede que yo soy un amante del tenis pero, ¡Dios no me va a sanar solo para que yo pueda ir a jugar más tenis! Yo debería tener mejores motivos que ése. No hay nada malo con el deseo de querer ser sanado, bendecido con un cónyuge o ser libres de las deudas, pero nosotros debemos desear estas cosas PARA que podamos servir MÁS a nuestro Señor.

> Vino Jesús a la casa de Pedro, y vio a la suegra de éste postrada en cama, con fiebre. Y tocó su mano, y la fiebre le dejó; y ella se levantó, y les servía. — Mateo 8:14-15

La suegra de Pedro era una mujer sabia. Tan pronto como fue sanada no se fue a jugar tenis. ¡Ella sabía que Dios nos sana para ser libres y poder servir!

Llamados a luchar por libertad

El tema de la libertad se encuentra de manera continua desde el principio de la Biblia. En el libro de Éxodo, encontramos a Dios queriendo libertar a su pueblo para que pudieran servirle. El reto no era conseguir que la gente saliera de Egipto. El reto fue una vez que ya eran libres y caminaban por el desierto, muchos ¡anhelaban volver a la esclavitud! De alguna forma extraña, encontramos comodidad en las ataduras. Hay familiaridad con las cosas que hemos dejado.

Un Cristiano no tiene ningún problema con la enseñanza de la libertad. Un Cristiano tiene la voluntad para ser liberado de las adicciones y de los malos hábitos. La mayoría de las personas están deseosas de ser libres de las deudas financieras. Yo he visto a personas gastar grandes sumas de dinero en inversiones o en seminarios de bienes raíces, deseando ser libres (muchísimo más de lo que le han dado a Dios), deseando ser libres de deudas o de un trabajo que no les gusta. Pero cuando las personas descubren que el camino a la libertad no es tan fácil como originalmente pensaron, tienden a regresar a las deudas y a patrones de conducta anteriores. Cuando los creyentes descubren que el camino a la libertad incluye una caminata por el desierto y unas cuantas batallas adentro de la Tierra Prometida, un número espantoso de ellos prefieren volver a la familiaridad de la esclavitud.

Rick Joyner escribió en su libro "*La Supereminente Grandeza de Su Poder*," "A pesar de que los Israelitas eran libres y se movían hacia el cumplimiento de su destino, cuando se encontraron con dificultades, la mayoría de ellos comenzaron a recordar la terrible opresión de esclavitud y querían regresar a ella. Aquí yace la línea divisoria que separa a los que prosiguen a la victoria de los que quieren regresar a su perdición... Aquellos que son libres preferirían perecer en el desierto tratando de cumplir su destino, que regresar de vuelta a la esclavitud. Hasta que no tomemos la decisión de que no regresaremos atrás, no vamos a avanzar".

Para poder cumplir el plan de Dios en nuestras vidas, debemos tomar la decisión de que no regresaremos a nuestros viejos hábitos en cuanto a citas, gastos, o quejas. La tentación de volver a salir con un novio o novia no Cristiano puede ser grande. Algunos padres presionan a los solteros a casarse para tener estabilidad financiera o por estatus social, en lugar de estar en la voluntad de Dios, crecer espiritualmente y servir más a Dios.

Para estar en la voluntad de Dios, debemos de ser libres del deseo de complacer a otras personas más que de complacer a Dios. Debemos ser libres de querer el reconocimiento humano más que el reconocimiento de Dios. Hay un falso sentido de seguridad que la esclavitud ofrece.

El propósito de las dificultades es el curarnos del deseo de regresar a Egipto. Una persona que ha experimentado una mala relación tiene la fortaleza de esperar y estar fuera de relaciones que no ofrecen ningún crecimiento espiritual. El dolor es necesario para que sepamos que nunca queremos regresar allí. Nuestro dolor nos motiva mejor que cualquier mentor.

Dios advierte a los Cristianos a través del ejemplo de los Israelitas de que es fácil comenzar bien y perecer antes de llegar a la promesa. Muchos creyentes retroceden en sus corazones porque piensan que es más fácil obtener lo que quieren en Egipto.

Yo he visto Cristianos que dejan la iglesia por una oferta de trabajo en otra ciudad, a pesar de que no saben a cuál iglesia irán después, ni consideran si eso es la voluntad de Dios. Una mujer del Medio Oriente recibió gran ayuda en nuestra iglesia; sus hijos estaban creciendo espiritualmente y su esposo había llegado a la fe en nuestros servicios. Pero cuanto a su esposo le ofrecieron un trabajo mejor pagado en otra ciudad, ella lo animo a tomarlo. Yo le pregunté si habían orado sobre ello. Ellos consideraron el dinero como una bendición de Dios y que podrían ir a la iglesia en cualquier lugar. Yo sabía que estaban dejando a un lado a Dios, pero no serían convencidos. Se mudaron a esa gran ciudad en donde su esposo conoció a otra mujer, cometió adulterio y su familia se desmoronó. La fe que los chicos tenían en Dios nunca volvió a ser la misma, y esa no es la culpa de Dios. Los padres habían dejado de lado a Dios. Para ellos fue más importante el dinero que su crecimiento espiritual. Desde la perspectiva de Dios, su fe era más importante que sus ganancias.

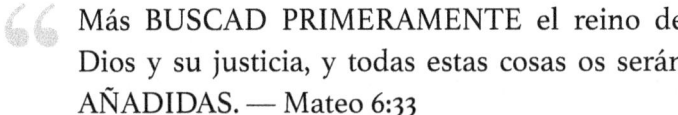 Más BUSCAD PRIMERAMENTE el reino de Dios y su justicia, y todas estas cosas os serán AÑADIDAS. — Mateo 6:33

Poner a Dios en primer lugar tiene su recompensa. Yo recuerdo a una chica joven de nuestra Iglesia que fue liberada de muchas adicciones. Sabíamos que algunas veces aún como cristiana regresaba a la marihuana, pero la amábamos y la animábamos para que se apegara a la Iglesia, aun cuando sintiera que no era lo suficientemente buena. Ella tenía una voz hermosa y comenzó a servir en nuestro grupo de alabanza. Ella estaba haciendo algunos nuevos amigos y floreciendo en su fe. Después de unas vacaciones en una isla en Queensland, regresó para decirnos que se mudaría ahí. Ella me preguntó si debería de ir. A mí personalmente me gusta Queensland. Pasan unos comerciales muy atractivos en la televisión que dicen: "Queensland, hermoso un día, perfecto el que sigue". Yo podía entender porqué ella quería levantarse y dejar atrás su pasado miserable en Melbourne. Parecería como un nuevo comienzo. En lo natural, parecía irresistible.

Yo le pregunté a ella si ya había orado sobre la Iglesia a la que iría. Me dijo que estaba segura que habría una buena Iglesia en cualquier lugar, y que encontraría una después de que llegara ahí. Yo sabía en mi espíritu que esa no es la manera en que Dios guía a sus hijos. Dios pone primero lo que es primero. A Dios le importa más nuestra formación espiritual que un aumento de salario o un cambio de ambiente. Y le pregunté de nuevo si había considerado si esta era la voluntad de Dios. Pero ella ya había tomado la decisión de que el pasto era más verde del otro lado o en este caso, que el estado de Queensland era más soleado.

Poco después de que se fue a la isla conoció a la gente equivocada y se embarazó. El hombre que la embarazó no se quería casar ni quería enfrentar su responsabilidad con el bebé, así que regresó a Melbourne como una madre soltera. Nosotros sabemos esto porque una noche Dios se lo reveló a mi esposa en un sueño. La joven ya no volvió a nuestra Iglesia pero otras personas han confirmado los hechos. En mi opinión, tener un bebé nunca es una tragedia, pero los planes que Dios tenia para ella eran mucho mejores. Había un buen muchacho aquí en la Iglesia, claramente de su tipo, que atraía a muchas de las chicas solteras y que estaba secretamente enamorado de ella. Él hubiera querido salir con ella si se hubiera quedado. Pero ella puso su deseo en una isla en lugar de la perfecta voluntad de Dios.

Es fácil comenzar a caminar fuera de Egipto, pero el camino hacia la libertad incluye un viaje por el desierto. Llegar a la Tierra Prometida no es fácil, pero vale la pena.

Algunas personas solteras quieren estar casadas tan desesperadamente que se desaniman en la espera. Ellos piensan que es más fácil salir con un novio o novia espiritualmente incompatible, y esperan que las cosas mejoren después de la boda. Esa es una ilusión. Si él o ella no va a la Iglesia contigo ahora o no ora en el Espíritu contigo, la situación no va a mejorar sino que al contrario se va a poner peor después de la boda. Es mejor esperar que regresar. No te desanimes mientras te encuentres en el desierto.

Cuando pasas a través del desierto, es porque Dios quiere SACAR algo de ti. En el caso de Israel, Él quería eliminar en ellos la mentalidad de esclavitud. En tu caso puede ser la codependencia, un apego enfermizo hacia alguien, una timidez que ha sido inculcada, una actitud pasiva o una incapacidad de abrir tu boca para comunicarte.

Un joven llegó a nuestra Iglesia con grandes calificaciones académicas, pero por un año entero no pudo obtener un trabajo ni una cita. Cada chica a la que se le acercaba lo rechazaba, y el mejor trabajo que pudo conseguir fue limpiando oficinas en el turno de la noche. ¡Él estaba caminando por un desierto!

Es difícil para algunas personas entender cómo Dios puede permitir que esto le *pasara cuando* recién se había unido a nuestra Iglesia y por fin estaba tomando a Dios en serio. Pero a Dios le importa más quién eres tú que lo que tienes. Comúnmente les digo a las personas bajo mi tutela, "¡Cuando estás listo, ahí está!". Si aún no lo tienes, es porque aún no estás listo. ¡Así que, prepárate! ¡Ponte listo!

Yo le dije a éste joven que hiciera buen uso de su tiempo libre. No seas ocioso. No pases todo el tiempo buscando a un hombre que te bendiga con un trabajo. Haz lo que puedas y sirve al Señor como si Él realmente fuera tu jefe. Dios no es deudor de nadie. ¡Si tú le sirves Él te recompensará!

Este joven siguió mi consejo, comenzó a ofrecerse de voluntario en las oficinas de la Iglesia y sirviendo fielmente durante los servicios del fin de semana. Poco tiempo después obtuvo el trabajo de sus sueños con una aerolínea. (Y años después, cuando muchísimos empleados habían sido despedidos, el mantuvo su trabajo. ¡Recientemente fue promovido para hacerse cargo del avión de el Primer Ministro, el equivalente a Air Force One en Australia!).

¡Parecería que Dios se tomó su tiempo, pero definitivamente valió la pena la espera! El aprendió a caminar en su libertad. Con el tiempo libre que tenía, escogió poner a Dios en primer lugar, en vez de quejarse por estar desempleado. Usó su libertad para poner a Dios como lo mas importante.

Su siguiente meta era casarse. Y a pesar de que tenía un trabajo respetable, aún no podía conseguir una cita. ¿Cuál era el problema? Finalmente vino a mí en medio de su frustración, y me preguntó si yo veía algo en él que tuviera que cambiar. Con frecuencia las personas no preguntan, no buscan, ni tocan la puerta para encontrar respuestas hasta que no experimentan su desierto.

A mí no me gusta decirles a las personas lo que tienen que cambiar a menos que me lo pregunten. Encontraras que esto es verdad en la mayoría de los mentores. No nos gusta entrometernos en los asuntos de los demás. En el momento que el vino y me preguntó, yo sabía en mi espíritu cuáles eran sus problemas. Yo no soy tan inteligente como para saberlo en mi mente. Pero Dios unge a sus pastores con sabiduría sobrenatural para ayudar a su pueblo.

Yo le dije: "Tu eres un gran muchacho con muchas cualidades que le gustan a las mujeres. Tú honras a tus padres, eres fiel en la Iglesia y sabes cómo llevar una buena economía. Sin embargo, hay dos cosas que tú necesitas cambiar". Hice una pausa para ver si aún estaba dispuesto a escucharme. El me dio permiso y entonces proseguí: "Número uno, eres muy estricto. Necesitas relajarte y ser más alegre. Número dos, eres muy tacaño. Todas las chicas que has invitado a salir se han ido asustadas por estas cosas. Son cosas pequeñas que tienes que cambiar, pero si lo haces Dios te mandará una novia".

Y él no lo tomó bien. ¡Se ofendió tanto que después me confeso que penso en dejar la iglesia! Pero teniendo un espíritu tierno, fue ante el Señor y oró por éstas cosas. Hizo los ajustes en éstas áreas y en poco tiempo la mujer de sus sueños apareció. ¡Yo los casé! Como dije antes: "¡Cuándo estás listo, ahí está!" o mejor dicho "¡Ahí está ella!".

Nosotros tenemos errores y defectos. El desierto revela nuestros rasgos de inmadurez con los cuales Dios quiere tratar. Él se preocupa mucho por nosotros y tiene nuestros mejores intereses en su corazón.

Aprovecha las dificultades como una oportunidad para convertir tus creencias débiles en una fe sólida. Si eres soltero, usa tu libertad para servir a Dios y establecer un patrón inquebrantable de poner a Dios primero en todo.

7

EL PLAN DE MEDITACIÓN DE 30 DÍAS — LIBERTAD SEXUAL

Días 13 al 14

Cuando te convertiste en cristiano, tu no solamente adoptaste una nueva religión o cambiaste de religión, tu espíritu pecador fue aniquilado y un espíritu completamente nuevo te fue dado. ¡Tú eres algo que ni el mundo ni tu propia familia habían visto antes!

> 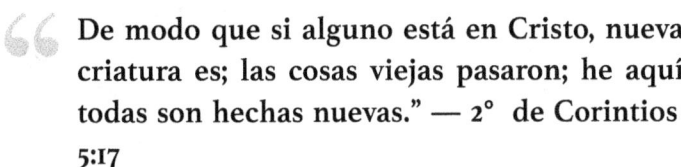 **De modo que si alguno está en Cristo, nueva criatura es; las cosas viejas pasaron; he aquí todas son hechas nuevas."** — 2° de Corintios 5:17

Declara: Yo soy una nueva creación en Cristo Jesús. Yo soy una nueva creación y la Vida de Dios, su naturaleza de amor y las habilidades supernaturales de Dios existen y viven dentro en mí.

Esta Escritura es tan ponderosa, y quiero que su poder se sumerja dentro de ti por un momento. Sabemos que hay un número de personas que han caído en la trampa de la adicción al internet, como ver demasiado YouTube y ver pornografía. Es un reto para los solteros liberarse de esta adicción ya que pueden sentirse más solos o porque tienen acceso continuo a la computadora. La tentación constantemente les sale al encuentro.

Yo admiro a un soltero que fue hecho libre de la pornografía después de haber venido a nuestra iglesia y haberse convertido en cristiano. Yo quería saber cómo es que él había sido liberado y se lo pregunté. Él me dijo: *"En 2° de Corintios 5:17, cuando yo descubrí que Dios me había hecho una nueva criatura, ya no me sentía como con ganas de hacer las mismas cosas que 'el viejo yo' solía hacer".*

No me sorprende que él fuera liberado de la misma manera en que yo fui liberado, a través del poder de las Escrituras. ¡Imagínate solamente una Escritura tiene el poder de romper un mal hábito de toda la vida! ¿Qué será lo que meditar sobre todas estas Escrituras hará en ti? ¡Transformará completamente tu personalidad y renovará tu identidad!

Nuestras áreas de tentación pueden ser distintas, por lo que no hay necesidad de juzgarnos unos a los otros, pero el principio de libertad sigue siendo el mismo. Mi lucha personal no es con la pornografía. Yo he visto pornografía antes, como casi todos los hombres lo han hecho, pero personalmente pienso que es repugnante. Sí, me gusta ver cosas bonitas como a cualquier hombre que tiene sangre roja en las venas, pero la pornografía no es bonita.

La palabra "pornografía" viene de dos raíces griegas; *porne* que significa prostitutas + *grafía* que significa escritos o dibujos. Pornografía significa fotografías de prostitutas. Los hombres y mujeres cristianos encontrarían repulsiva la idea de contratar prostitutas, y aun así, no se dan cuenta de que ver pornografía es una forma de prostitución. El cuerpo desnudo de una persona ya no es más algo privado, sino que está abierto para alquiler y para ser usado fuera del pacto de una relación. La pornografía degrada en particular la dignidad de las mujeres.

El propósito real de la pornografía es la masturbación. Muchos ministros cristianos tienen opiniones muy fuertes acerca de cosas de las cuales la Biblia realmente no habla mucho como por ejemplo; la masturbación. Yo no he podido encontrar nada en la Biblia que hable de la masturbación. Hay un intento teológico por relacionar el relato de Onán, quien derramó su semen en el suelo, por una supuesta masturbación, pero esto es torcer la Escritura fuera del contexto. El "onanismo" no es masturbación. El onanismo es el salirse de la mujer antes de la eyaculación para negarle la posibilidad de un hijo (Génesis 38:9). Ya que era la responsabilidad de Onán el cuidar de la viuda de su hermano, y los hijos eran de una extraordinaria importancia para el valor de la mujer en las sociedades antiguas. El egoísmo de Onán fue considerado como malvado delante de Dios. No tenía nada que ver con la idea de que él estuviera tocándose.

Entonces, ¿qué es lo que los cristianos debemos de hacer sobre la masturbación? La mayoría de los ministros Cristianos la condenan. La mayoría de las voces seculares la recomiendan. Yo no puedo condenar algo que la Biblia no condena. Esto sería extralimitarme en mi autoridad y no es la responsabilidad de un predicador o pastor de Dios. Nosotros representamos a Dios conforme lo que dice Su Palabra o por lo menos debemos de intentarlo.

Y tampoco condono a la masturbación totalmente. ¿Por qué no? Porque la Biblia condena a la lujuria, y en la mayoría de los casos de pornografía, un hombre o una mujer está practicando la lujuria, perdiendo su tiempo y usando su cuerpo para algo que no es bueno en sí mismo.

Estoy en contra de lo que la Biblia está en contra. La Biblia está en contra de la lujuria. Jesús dijo: *"Pero yo os digo que cualquiera que mira a una mujer para codiciarla, ya adulteró con ella en su corazón."* Y, *"si tu ojo derecho te es ocasión de caer, sácalo, y échalo de ti; pues mejor te es que se pierda uno de tus miembros, y no que todo tu cuerpo sea echado al infierno"* (Mateo 5:28-29). El mandamiento es pureza mental. Si alguien se puede masturbar sin lujuria, entonces estoy de acuerdo, si se hace con moderación. Si tienes un sueño "húmedo", eso no es tu culpa. Tu cuerpo se puede sentir recargado (de hormonas) y tratará de encontrar un alivio de forma natural.

La masturbación es una necesidad universal que comienza desde muy jóvenes. Los chicos hablan abiertamente sobre eso, pero las chicas rara vez son enseñadas por sus madres, hermanas o alguien de la Iglesia. Esto es una lástima. Muchas chicas crecen sintiéndose culpables y condenadas sobre esto. Yo conozco niñas que descubren la sensibilidad en sus genitales desde la temprana edad de 7 a 12 años. Y algunas veces descargan sus necesidades con tan solo apretar las piernas. Los chicos de la edad de 13 años muy probablemente ya tuvieron su primer sueño "húmedo" (eyaculación inconsciente en la cama). Después de esto descubren sentimientos más fuertes en sus genitales.

Como cualquier otro impulso, tú tienes que ejercer algún modo de auto control. Comer de más es destructivo. Navegar en exceso el Internet es destructivo. Por seguro, masturbarse en exceso es destructivo, principalmente porque la lujuria retorcerá tu mente y te causará que seas un hombre incapaz de tratar a una mujer dignamente, sin ninguna malicia.

El sexo es un regalo hermoso dado por Dios para ser disfrutado en el matrimonio. Tu sexualidad no es mala. Yo les digo a las mamás de los muchachos que comienzan a gustarles las chicas: "Relájate, por lo menos sabes que no le gustan los chicos. Es mejor que le gusten las chicas, ¿no? ¡Deberías de celebrarlo!"

Lo que los niños necesitan no es nuestra crítica injustificada sino nuestro apoyo y guía. Lo que la gente joven no comprende es que el sexo es mucho mejor cuando hay una conexión emocional con la otra persona. Si el sexo solamente fuera una acción física, entonces no se necesitaría mucho más que una almohada o la mano. Pero sabemos que eso es un sustituto superficial por el sexo real. Lo que hace falta es un enlace emocional el cual toma tiempo en desarrollarse.

La confianza y la habilidad de decir lo que queremos sin temor o vergüenza son afrodisíacos poderosos entre dos amantes. Este tipo de unión es lo que los cristianos jóvenes deberían aprender a desarrollar, a través de una buena comunicación y caminando en el estilo-de-amor-de-Dios. ¡Cuando eres nacido de nuevo y estas casado eres capaz de ser mejor como un ser humano y como un ser sexual! Tú eres, en realidad, mucho más capaz de amar que una estrella de porno.

La libertad en el área sexual es central para convertirse en un ser humano sano el cual está listo para una relación a largo plazo. Muy a menudo los solteros asumen que todas sus luchas sexuales se acabarán una vez que estén casados, pero eso usualmente no es la verdad. Para algunos, hasta se podría intensificar después del matrimonio. Si no tienen autocontrol ahora; si no saben manejar su carne antes de que conozcan a alguien especial, ésta área de debilidad les morderá los talones durante toda su vida.

Dios preferiría tenerte soltero y libre que apresuradamente casado y permanentemente aprisionado. Es mejor ser una persona completa y sin cargas antes de que encuentres a ese alguien especial y entres al matrimonio. Si ya estás casado y estás luchando, aún hay esperanza. Veamos lo que el Señor nos enseñó.

Jesús dijo que tú ya estás limpio pero necesitas ser lleno. *"Cuando el espíritu inmundo sale del hombre, anda por lugares secos, buscando reposo, y no lo encuentra. Entonces dice: Volveré a mi casa de donde salí; y cuando llega, la halla desocupada, barrida y adornada. Entonces va, y toma consigo otros siete espíritus peores que él, y entrados, moran allí; y el postrer estado de aquel hombre viene a ser peor que el primero. Así también acontecerá a esta mala generación"* (Mateo 12:43-45). Aprende éstas seis lecciones que Jesús enseñó:

1. Cuando tú eres nacido de nuevo, el diablo te deja – tu ser real – tu espíritu. El nunca podrá entrar en tu espíritu de nuevo (llamado 'posesión'), pero puede ser que quiera volver para tratar de tentar tu mente (llamado 'obsesión') o atacar tu cuerpo (llamado 'opresión').

De hecho, Jesús advirtió que el diablo seguramente tratará de volver. Yo lo digo de ésta manera: Yo serví al diablo los primeros 20 años de mi vida, y le serví muy bien (sé que no está dicho en una gramática correcta, pero es la verdad). Yo no solamente pequé, sino que también recluté a otros para pecar conmigo. Ahora me siento avergonzado de decirlo. Así que cuando dejé al diablo y me volví cristiano, era algo natural que él tuviera síntomas de abstinencia por estar alejado. El me extrañaba. Cuando trataba de volver para tentarme, yo solamente lo resistía hasta que él supiera que no era bienvenido. Yo pertenezco a Jesús para siempre. ¡A nadie le gusta ir a donde no se siente bienvenido, así que no le des la bienvenida con tus palabras!

2. El Diablo sabe que cuando tú te conviertes en cristiano, tú estás limpio. Todo esta "BARRIDO Y PUESTO EN ORDEN," de acuerdo al relato de Lucas (11:25). ¡Tú debes de creer y de regocijarte de que Dios te ha limpiado!

3. Hay espíritus inmundos cuyo trabajo es poner pensamientos impuros en la mente de las personas. Los medios de comunicación están repletos de espíritus inmundos y ellos no lo saben.

La "impureza" es un eufemismo para la homosexualidad y la perversión sexual en muchas de las Escrituras (Romanos 1:24, 6:19; 2° de Corintios 12:21; Gálatas 5:19, Efesios 4:19, 5:3; Colosenses 3:5), porque la perversión sexual siempre comienza con un pensamiento impuro desenfrenado.

La homosexualidad no es genética; ésta suposición popular ha sido desacreditada con estudios de gemelos idénticos, en los que miles de hermanos tienen los mismo genes, pero no tienen la misma orientación sexual.[1]

La homosexualidad comienza con creer una mentira, de que no puedes evitarlo y de que está bien. Cualquier forma de inmoralidad sexual comienza con un pensamiento desenfrenado, un deseo desenfrenado y con carnalidad desenfrenada. Podemos detener a la impureza con el poder del Espíritu Santo quien nos ayuda a controlar nuestra carne y a decir "¡no!" a los pensamientos impuros.

Hay otras personas que tienen deseos incontrolables de comer. Y no les ayuda que nosotros les digamos: "No lo puedes evitar, tu naciste con la necesidad de comer sin saciarte". Puede ser difícil, pero todo el mundo puede parar. Es por tu propio bien y por tu salud detener el control de la carne sobre tu vida.

Los homosexuales viven en promedio 25 años menos que los heterosexuales. Yo tengo experiencia personal sobre esto; habiendo sostenido las manos de homosexuales que murieron jóvenes a causa de alguna enfermedad de transmisión sexual, y también por un primo homosexual aquí en Australia quien se mató a la edad de 30 años. ¡En base a la mortalidad, la homosexualidad es mucho más peligrosa que el fumar! Vivimos en una sociedad libre en donde no es de mi incumbencia si tú quieres ser homosexual o fumar, pero no debemos de mentirle a nuestros hijos sobre que eso es seguro y que está bien. Lo apropiado es educar a nuestros hijos con la verdad y dejar que cada individuo decida por sí mismo basado en información verdadera. Nuestros medios de comunicación son cómplices en esta tragedia, porque retienen verdades y hechos que no están de acuerdo con su parcialidad secular. Dios no odia a los homosexuales. El solamente sabe el daño que se causan a sí mismos y a los demás.

4. Las personas pueden ser atacadas con pensamientos impuros desde muy jóvenes. Algunos estiman que la edad promedio en que muchos de los niños son expuestos por primera vez a la pornografía en estos días es a la tierna edad de 5 años. La Biblia no se oculta de tratar el tema sobre la sexualización temprana en niños. En dos instancias, una niña y un niño en la Biblia fueron oprimidos por "espíritus impuros" (Marcos 7:25, Lucas 9:42). En ambos casos las familias atravesaron por un período de agonía.

Nada lastima más a una familia como la violación sexual y la perversión sexual. El espíritu impuro es el tipo de demonio que causa la mayor confusión y engaño. Este fue el único tipo de demonio que los discípulos no pudieron echar fuera de una persona (Marcos 9:18). Y los discípulos de hoy no son para nada diferentes. La mayoría de los cristianos no están informados sobre la sexualidad, y la mayoría de los predicadores están confundidos y sin autoridad para enfrentar la homosexualidad. Algunos hasta han llegado a unirse al otro lado y decir que está bien, que no le hace daño a nadie, que si nacieron así no es algo que puedan evitar. Todas éstas son mentiras de los espíritus impuros.

Pero nosotros no estamos sin autoridad ante esto. Jesús dijo: *"Este tipo de demonios con nada pueden salir, sino con oración y ayuno"* (Marcos 9:29). Tú vas a tener que ayunar de la pornografía y del Internet para ser sexualmente libre. Y vas a tener que hacer un poco de oración extra. Jesús está diciendo lo mismo que enseñó en Mateo Capítulo 12: ustedes van a tener que mantener su casa limpia y llena de cosas buenas. Yo te puedo decir que después de que yo oro y me meto en la Presencia de Dios salgo con una fortaleza extra, un campo de fuerza, una resistencia a las tentaciones. No, no soy invencible, pero lo que queda de un tiempo de intimidad con Dios dura todo el día. Te llena de fortaleza. Si estás luchando en el área de pecado sexual, asegúrate de hacer un extra de "oración y ayuno". Los espíritus impuros no tienen que ser los que nos gobiernan. Recuerda, *"Él les dio autoridad sobre los espíritus inmundos, para que los echasen fuera"* (Mateo 10:1).

5. Cuando un espíritu impuro trata de regresar y tentar a un cristiano, él dice, "Regresaré a MI CASA..." Como un amante despreciado, él es posesivo. Tu cuerpo fue una vez su casa, pero ahora es el "templo" del Espíritu Santo (1° de Corintios 3:17, 6:19). Dios no vive en un dúplex. El no comparte su casa con otro inquilino. Y tú no eres un departamento. Tú eres una casa para ser ocupada por un solo inquilino, el templo viviente de un Dios Santo. ¡No permitas que entren intrusos a través de las ventanas de tus ojos!

6. Y ya que el creyente es limpio, ¿cómo puede un espíritu impuro regresar a su cabeza? El problema sucedió cuando el creyente fue hecho libre e hizo muy poco o nada para llenar su mente. Cuando el espíritu maligno regresó, encontró al creyente "VACIO, barrido y arreglado" ¡Y esa es una invitación para los demonios! Ninguna mente puede permanecer vacía. Tu mente siempre se llenará de algo. Es mejor que esté limpia y llena de la palabra de Dios cada día – eso mantendrá a la lujuria y los malos pensamientos lejos.

Cuando nosotros venimos a Cristo, somos barridos y limpiados como un nuevo hogar, pero muchos de nosotros no nos tomamos el tiempo para llenar nuestro nuevo hogar con cosas buenas. Y a pesar de que Dios nos ha dado un nuevo hogar, este todavía puede ser destrozado por nuestros viejos amigos o verse indecoroso al poner nuestros muebles antiguos adentro de la casa.

¡Conoce nuevos amigos! ¡Compra muebles nuevos! No regreses con un antiguo novio que solo te buscaba por lujuria y sexo, pero que es un cobarde como para tomar un compromiso serio. Llena tu casa de cosas buenas. Cómpra muchos libros y DVDs Cristianos. Léelos, míralos y ora. Llénate de la Palabra de Dios, no faltes a la Iglesia, ora en el Espíritu y el diablo no encontrará un lugar en ti para quedarse.

La pureza sexual sí es posible. ¡Y no solamente serás feliz de estar puro y libre, sino también tú esposo(a) y tu familia![2]

1. Tay, John Dr., "Born Gay? Examining the Scientific Evidence for Homosexuality," (¿Nacido Gay? Examinando la Evidencia Científica del Homosexualismo) 2010, pg48-57, citándose numerosos estudios tanto en América como en Australia, incluyendo *Bailey & Pillard* (1991), *Bailey et al* (1993), *Kendler et al* (2000), *Bailey et al* (2000), todos los cuales confirman que los homosexuales no "nacen de esa manera" o "no tienen otra opción" el determinismo Genético ha sido desmentido, todo el mundo tiene una opción, pero el público está en gran manera mal informado acerca de estos hallazgos. La Ciencia y la Biblia están de acuerdo: ¡Tenemos una opción!
2. Mira el DVD de una hora de Steve Cioccolanti sobre "Sexual Identity: Myths and Facts" (Identidad Sexual: Mitos y Hechos) disponible en www.discover.org.au/bookshop (en inglés).

EL PLAN DE 30 DÍAS DE MEDITACIÓN — TU LIBERTAD TOTAL

Días 15 al 21

Versículos de Libertad para los siguientes 7 días

Las siguientes Escrituras nos muestran que cuando nos convertimos en Cristianos, no somos salvados únicamente del pecado, sino somos salvos para una causa noble: para servir a Dios y ayudar a otras personas a conocerlo. ¡Hemos sido liberados con un propósito! Todos nosotros hemos recibido el mismo ministerio; el ministerio de la reconciliación, el cual es expresado en diferentes formas de acuerdo a nuestras personalidades y talentos. La libertad es importante porque nadie puede llevar a cabo su propósito otorgado por Dios ni su destino hasta que sea libre.

*T*odo esto proviene de Dios, quien por medio de CRISTO nos reconcilió consigo mismo y nos dio el ministerio de la reconciliación. — 2° de Corintios 5:18 (NVI)

Nosotros somos los que debemos contar cómo Dios estaba EN CRISTO reconciliando al mundo con Él, no acusando a los hombres de transgresiones añadiéndolas a su cuenta, y que Él nos ha confiado el Mensaje de esta reconciliación. — 2° de Corintios 1.19 (Weymouth)

Declara: En Cristo he sido reconciliado y se me ha dado el ministerio de la reconciliación. Dios me ha hecho un agente de reconciliación. Como su representante personal, yo invito a las personas a "ser reconciliadas con Dios. Dios es tu amigo. Dios NO es tú enemigo." ¡Yo he sido ordenado para hablar del Mensaje de Paz entre Dios y los hombres!

Así que, somos embajadores en nombre de Cristo, como si Dios rogase por medio de nosotros; os rogamos en nombre de Cristo: Reconciliaos con Dios. — 2° de Corintios 5:20

Yo soy un embajador de Cristo. Yo soy un enviado de Cristo (Moffatt). Yo suplico a las personas de parte de Cristo, como si Dios mismo estuviera exhortando, apelando y pidiendo a otros a través de mi voz.

Al que no conoció pecado, por nosotros lo hizo pecado, para que nosotros fuésemos HECHOS justicia de Dios EN EL. — 2° de Corintios 5:21 (RVR1960)

Yo soy la justicia de Dios en Cristo. En Cristo yo tengo status, posición, y un lugar respetable con Dios. Mi lugar delante de Dios es seguro. Nunca podría ser más recto de lo que ahora soy, porque

EL QUE ES RECTO vive en mí. En Cristo no me vuelvo bueno: Soy HECHO bueno con la bondad de Dios (Phillips). Puedo estar de pie delante de Dios sin ningún sentido de culpa, temor o vergüenza. Por lo tanto puedo entrar valientemente delante del Trono de Dios (Hebreos 4:16), y obtener lo que necesito. Mis oraciones son eficaces – ¡mis oraciones funcionan! (Santiago 5:16).

Y esto fue por causa de los falsos hermanos introducidos secretamente, que se habían infiltrado para espiar la libertad que tenemos EN CRISTO Jesús, a fin de someternos a esclavitud a los cuales ni por un momento cedimos, para no someternos, a fin de que la verdad del evangelio permanezca con vosotros. — Gálatas 2:4-5 (LBLA)

¡En Cristo yo tengo libertad! No me someteré a personas que critican, ni participaré en sus críticas. ¡Yo rehusó ser llevado a esclavitud por falsos hermanos que siembran divisiones! Yo elijo caminar en el amor divino y caminar con una consciencia limpia.

CON CRISTO estoy juntamente crucificado, y ya no vivo yo, mas vive Cristo en mí; y lo que ahora vivo en la carne, lo vivo en la fe del Hijo de Dios, el cual me amó y se entregó a sí mismo por mí. — Gálatas 2:20

Yo estoy crucificado con Cristo. ¡Yo considero que he muerto y ahora estoy disfrutando de una segunda existencia! (Knox). El viejo yo está muerto y un nuevo yo ha resucitado con Cristo. Yo estoy muerto a la popularidad y a las críticas. Yo no soy movido por la censura o aprobación de la gente. Yo no tengo que tratar de morir. Yo he sido crucificado con Cristo.

¡Sin embargo, vivo! Pero no yo, sino Cristo vive en mí. Y la vida que ahora vivo en la carne, la vivo por la fe en el Hijo de Dios quién me amó y se dio a sí mismo por mí. ¡Cristo está en mí!

Mi comentario: Yo he utilizado Gálatas 2:20 muchas veces para traer bajo control mi carne. Tan solo lo murmullo en voz muy baja e inmediatamente ese versículo "mata la carne". Jesús dijo: "Y el que no carga su cruz y me sigue, no puede ser Mí discípulo" (Lucas 14:27 NVI). Yo creo que citar Gálatas 2:20 es una forma de cargar la cruz y crucificar los deseos de la carne.

Pues todos sois Hijos de Dios por la fe en Cristo Jesús. — Gálatas 3:26

Ser un Hijo de Dios requiere tener fe en Cristo. Yo soy un Hijo de Dios a través de confiar en Jesús.

Ya no hay Judío ni Griego; no hay esclavo ni libre; no hay varón ni mujer; porque todos vosotros sois uno EN CRISTO Jesús. — Gálatas 3:28

¡En Cristo todos somos uno! No hay Judío o Gentil, esclavo o libre, varón o mujer. No hay racismo en Cristo. No hay sexismo en Cristo. En Cristo no hay aquello de mirar con desprecio a alguien por su economía. ¡Todos somos igualmente amados y valorados en Cristo Jesús!

Cristo nos libertó para que vivamos en libertad. Por lo tanto, manténganse firmes y no se sometan nuevamente al yugo de esclavitud. — Gálatas 5:1 (NVI).

El Mesías me ha hecho libre para que yo disfrute de los beneficios de la libertad. ¡Cristo me ha hecho gloriosamente libre! (Wetmouth). Yo no seré obstaculizado o detenido por un yugo de esclavitud.

Porque gracias a Cristo Jesús, ya no cuenta para nada estar o no circuncidados. Lo que cuenta es la fe, activa por medio del amor. — Gálatas 5:6 (DHH).

En Cristo, la circuncisión no es válida, tampoco lo es la incircuncisión, solamente la fe activa en el amor (Moffat), la fe actuando a través del amor (Goodspeed), la fe que encuentra su expresión a través del amor (Knox). La fe trabaja por medio del AMOR. Yo elijo perdonar y caminar en amor.

Pues ustedes, mis hermanos, han sido llamados a vivir en libertad; pero no usen esa libertad para satisfacer los deseos de la naturaleza pecaminosa. Al contrario, usen la libertad para servirse unos a otros por amor. — Gálatas 5.13 (NTV).

¡Dios me llama a ser libre! Yo no usaré la libertad como una excusa para entregarme a la carne. En lugar de eso, para servir a otros con amor.

Porque en Cristo Jesús ni la circuncisión vale nada, ni la incircuncisión, sino una nueva creación. — Gálatas 6:15

Porque en Cristo Jesús, lo que se muestra en el exterior no significa nada, pero una nueva naturaleza lo es todo (Nuevo Testamento del Siglo 20). No hace ninguna diferencia si hemos sido circuncidados o no; lo que cuenta es el poder del nuevo nacimiento (Taylor) – si realmente hemos sido transformados en personas nuevas y diferentes (Phillips). En Cristo, yo he experimentado el poder del Nuevo Nacimiento. Yo he sido cambiado en una persona nueva y diferente. ¡Yo soy una nueva creación, un hombre con Dios viviendo en mi interior!

Bendito sea el Dios y Padre de nuestro Señor Jesucristo, que nos bendijo con toda bendición espiritual en los lugares celestiales en Cristo. — Efesios 1:3

Esto no es que yo esté esperando en Dios, sino que Dios está esperando por mí para conocer y utilizar todas las bendiciones espirituales, regalos y oportunidades que Él me ha dado. Yo soy bendecido con todas las bendiciones espirituales que hay en los lugares celestiales en Cristo. Dios ha hecho provisión para mí – Él me ha bendecido con todo lo que necesito. ¡En Su mente todas estas bendiciones ya son mías! ¡Y en mi mente, todas estas bendiciones ya son mías! ¡Gloria sea dada a Dios!

Para alabanza de la Gloria de su gracia, con la cual nos hizo aceptos EN EL AMADO. — Efesios 1:6

Debemos de aceptarnos los unos a los otros, así como Cristo nos ha aceptado, nos ha dado la bienvenida y nos ha recibido (Romanos 15:7). Aunque algunos me rechazen, Dios me acepta. Yo tengo una recepción amistosa cada vez que me acerco a Dios y oro. Y éste acceso le trae Gloria a Él.

EN QUIEN tenemos redención por su sangre, el perdón de pecados, según las riquezas de su gracia. — Efesios 1:7

En Cristo yo tengo mi redención. ¡Yo no estoy tratando de obtenerla! ¡Yo ya la tengo!

Y el plan es el siguiente: a su debido tiempo, Dios reunirá todas las cosas y las pondrá bajo la autoridad DE CRISTO, todas las cosas que están en el cielo y también las que están en la tierra. — Efesios 1:10 (NTV)

Dios está tomando toda cosa buena del cielo y de la tierra, y juntándolas en Cristo. Cristo es mi Cabeza, así que, ¡yo soy parte de todo lo que se está reuniendo en Dios!

En Cristo también fuimos hechos herederos, pues fuimos predestinados según el plan de aquel que hace todas las cosas conforme al designio de su voluntad, a fin de que nosotros, que ya hemos puesto nuestra esperanza en Cristo, seamos para alabanza de su gloria. — Efesios 1:11-12 (NVI)

Es una cosa muy hermosa el ser "escogido." Dios me ha escogido para recibir Su herencia y Su Gloria. Y porque yo estoy en Cristo, he obtenido una herencia conforme al consejo de Su propia voluntad; para que yo sea la causa de la alabanza de Su Gloria... yo debo causar que su Gloria sea alabada (NEB)....Yo debo manifestar Su Gloria (Knox). En virtud del nuevo nacimiento, ¡Su gloria reside dentro de mí!

Pero Dios, que es rico en misericordia, por Su gran amor con que nos amó, aun estando nosotros muertos en pecados, nos dio vida juntamente CON CRISTO (por gracias sois salvos), y juntamente con Él nos resucitó, y asimismo nos hizo sentar en los lugares celestiales CON CRISTO JESUS. — Efesios 2:4-6

Por la gracia de Dios he sido salvo. Cuando Cristo fue crucificado, yo fui crucificado con El. Y cuando Él fue resucitado –Yo fui resucitado con El. Cuando fue levantado, yo fui levantado junto con EL y fui sentado junto con El en lugares celestiales. Así como los pecadores se sientan en la obscuridad con el Diablo (Mateo 4:16). HOY yo estoy sentado con Cristo a la mano derecha de Dios, en una posición de alta autoridad. ¡Con toda humildad, yo estoy sentado con Cristo!

Porque somos hechura suya, creados EN CRISTO JESUS para buenas obras, las cuales Dios preparó de antemano para que anduviésemos en ellas. — Efesios 2:10

Yo soy su obra, creado EN CRISTO JESUS. Yo soy la obra de sus manos...recreado en la figura de Cristo Jesús y nacido de nuevo (Ampliada). Lo que somos, se lo debemos a la mano de Dios sobre nosotros. Hemos nacido de nuevo en Cristo, y nacidos para realizar esas buena obras las cuales Dios planeo para que nosotros hiciéramos (Phillips). Por la gracia de Dios yo soy lo que soy; y su gracia no ha sido en vano (1º de Corintios 15:10).

Y el plan de Dios consiste en lo siguiente: tanto los judíos como los gentiles que creen la Buena Noticia gozan por igual de las riquezas heredadas por los hijos de Dios. Ambos pueblos forman parte del mismo cuerpo y ambos disfrutan de la promesa de las bendiciones porque pertenecen a Cristo Jesús. — **Efesios 3:6 (NTV)**

Yo soy un heredero y pertenezco al mismo Cuerpo; y un participante de las promesas de Cristo por el evangelio. Yo soy un coparticipe en las promesas de Dios (Phillips).

Todo lo puedo EN CRISTO que me fortalece. — Filipenses 4:13

A través de Cristo, mi Señor, yo puedo hacer todas las cosas. El me fortalece. El me ayuda a hacer aquello que Él me llama a hacer. ¡Su habilidad es mi habilidad! Yo no puedo ser conquistado. Yo no puedo ser derrotado. Yo puedo hacer todas las cosas a través de Él.

Mi Dios, pues, suplirá todo lo que os falta conforme a sus riquezas en Gloria EN CRISTO JESUS. — Filipenses 4:19

Pablo dijo a sus compañeros de ministerio: todas vuestras necesidades son suplidas. Yo soy un sembrador y un segador. ¡Yo creo que todas mis necesidades han sido suplidas! Yo no pienso más en las preocupaciones del mundo. Yo obedezco las leyes de la siembra y la cosecha, y yo espero que Dios abra las ventanas de los cielos para mí. (Malaquías 3:10). Yo creo que Dios es mi Padre Celestial, Cristo es mi Fuente y el Espíritu Santo es mi Tesoro (2° de Corintios 4:7).

El cual nos ha librado de la potestad de las tinieblas, y trasladado al Reino de su amado Hijo, EN QUIEN tenemos redención por Su sangre, el perdón de pecados. — Colosenses 1:13-14

Ahora yo soy hecho libre de la autoridad de las tinieblas, y del poder de Satanás. En virtud del nuevo nacimiento, yo tengo y ejerzo la autoridad sobre todo aquello que Jesús conquistó: ¡Satanás, pecado, enfermedad, pobreza, miedo a la muerte, al infierno y la tumba! Yo tengo mi redención.

EL PLAN DE MEDITACIÓN DE 30 DÍAS — FUERZA PARA VENCER

Días 22 al 28

En éste último capítulo que contiene oraciones Bíblicas para edificar tu fortaleza espiritual; comenzaremos con varias declaraciones poderosas de Colosenses. El apóstol Pablo escribió a los Efesios y Colosenses alrededor del mismo tiempo y desde el mismo lugar (una prisión en Roma). Muchos Cristianos están de acuerdo en que estos dos libros contienen la más elevada revelación del misterio del Evangelio, el cual es nuestra unión con Cristo.

Algunos dicen que Efesios se enfoca en el Cuerpo de Cristo, mientras que Colosenses enfatiza a Cristo como la cabeza del Cuerpo. Efesios enfatiza al creyente en Cristo, mientras Colosenses recalca a Cristo en el creyente. Porque la unión significa que somos uno, Cristo y su Cuerpo son virtualmente indistinguibles para fines prácticos. Algunos otros hacen esta distinción: Efesios es *didáctico* (enseñanza), mientras que Colosenses es *polémico* (ataca). En otras palabras, Efesios promueve la verdad mientras Colosenses ataca los errores.

*E*l misterio que había estado oculto desde los siglos y edades, pero que ahora ha sido manifestado a sus santos, a quienes Dios quiso dar a conocer las riquezas de la Gloria de este misterio entre los gentiles; que es Cristo en vosotros, la esperanza de Gloria.
— Colosenses 1:26-27

Este es el misterio más alto para las naciones de los gentiles – CRISTO EN MI – ¡la esperanza de Gloria! Cristo se revela al mundo a través de mí.

A este Cristo proclamamos, aconsejando y enseñando con toda sabiduría a todos los seres humanos, para presentarlos a todos perfectos en El. — Colosenses 1:28 (NVI)

En Cristo Jesús, yo puedo ser presentado perfecto – no solo "maduro", – sino perfecto, porque ¡el Cristo perfecto vive en mí! ¡Cuando yo nací de nuevo mi espíritu se hizo perfecto ante los ojos de Dios y el Cristo perfecto vino a vivir en mí!

Con este fin trabajo y lucho fortalecido por el poder de Cristo que obra en mí. — Colosenses 1:29 (NVI)

Yo puedo trabajar esforzadamente porque El obra en mí poderosamente. Si Cristo-en-Pablo trabajo poderosamente en Pablo, entonces Cristo-en-mi trabaja poderosamente en mí.

Quiero que ellos cobren ánimo y estén bien unidos con fuertes lazos de amor. Quiero que tengan la plena confianza de que entienden el misterioso plan de Dios, que es Cristo mismo. — Colosenses 2:2 (NTV)

Yo soy tejido con fuertes lazos de amor juntamente a mis hermanos y mis hermanas en Cristo. Yo soy motivado y seguro de mi unión con Cristo. Yo entiendo el misterio de Dios.

EN QUIEN [Cristo] están escondidos todos los tesoros de la sabiduría y del conocimiento. Y esto os digo para que nadie os engañe con palabras persuasivas. — Colosenses 2:3-4 (RVR60)

Yo soy rico porque Cristo vive en mí. Yo no dejaré que nadie me seduzca con doctrinas de demonios, las cuales pueden sonar razonables, pero pueden robar mi fe o disminuir mi lugar en Cristo. Jesús pago un precio altísimo por mí como para que yo me sienta mal de mí mismo o viva una vida fracasada y religiosa.

Cuídense de que nadie los engañe mediante filosofías y huecas sutilezas, que siguen tradiciones humanas y principios de este mundo, pero que no van de acuerdo con Cristo. Porque en él habita corporalmente toda la plenitud de la Deidad. — Colosenses 2:8-9 (RVC)

Yo no permitiré que nadie me cautive con filosofías de hombres y tradiciones, no importa cuántas licenciaturas o títulos educativos precedan su nombre. Yo sigo a Cristo, el Dios creador en carne humana. Si Jesús no fuera completamente Dios y completamente hombre, entonces Dios y el hombre nunca podrían unirse. ¡Porque Jesús es completamente Dios y completamente hombre, Dios también puede vivir en mí! ¡Oh Aleluya!

No permitan, pues, que nadie los juzgue por lo que comen o beben, o en relación con los días de fiesta, la luna nueva o los días de reposo. Todo esto no es más que una sombra

de lo que está por venir; pero lo real y verdadero es Cristo.
— Colosenses 2:16-17 (RVC)

¡Esta escritura lo establece! Yo no permitiré que mi relación con Cristo se base o sea afectada por lo que como o por los días que le brindo adoración. Muchos pensarán que estas cuestiones externas son la realidad, pero la verdadera espiritualidad está en Cristo. ¡Yo soy santo y estoy cerca de Dios por causa de Cristo no por lo que como o no como, ni por cuál día voy a la Iglesia! Cristo es real para mí todos los días de la semana y en cada comida del día. Yo soy libre de falsos estándares de religión. Mi fe no está en la comida sino en Cristo.

Porque El Señor mismo con voz de mando, con voz de arcángel, y con trompeta de Dios, descenderá del cielo; y los muertos EN CRISTO resucitarán primero. Luego nosotros los que vivimos, los que hayamos quedado, seremos arrebatados juntamente con ellos en las nubes para recibir al Señor en el aire, y así estaremos siempre con el Señor. — 1º de Tesalonicenses 4:16-17

¡En Cristo yo ascenderé con un nuevo cuerpo glorificado! Yo voy a tener un cambio de imagen rejuvenecedor y me va a gustar mucho.

Estad siempre gozosos. Orad sin cesar. Dad gracias en todo, porque esta es la voluntad de Dios para con vosotros EN CRISTO JESUS. — 1º de Tesalonicenses 5:16-18

En Cristo yo siempre me regocijo, oro sin cesar y hago un hábito de agradecerle a Dios por todo (Williams). Me niego a tomar mis bendiciones como algo sin importancia. Soy una persona agradecida. Porque ésta es la voluntad de Dios – esto es lo que Dios espera de mí en Cristo Jesús (Phillips).

Pero la gracia de nuestro Señor se derramó sobre mí con

abundancia, junto con la fe y el amor que hay en Cristo Jesús. — 1º de Timoteo 1:14 (NVI)

En Cristo, la gracia, el favor y la bondad amorosa de nuestro Señor abundan sin medida; desbordando e inundando mi vida con fe y amor. La fe y el amor están en Cristo, por lo tanto la fe y el amor vinieron a mí en plenitud en el momento que Cristo vino a mí.

Porque no nos ha dado Dios espíritu de cobardía, sino de poder, de amor y de dominio propio. — 2º de Timoteo 1:7

Dios no me ha dado un espíritu de miedo. Yo no soy tímido, amedrentado o fácilmente asustado. Me niego a ser llamado "tímido". La timidez no es de Dios. No hay ni una pizca de timidez en Jesús. Jesús era intrépido. Yo tengo el mismo Espíritu que Cristo – ¡un Espíritu de poder, amor y de dominio propio!

Mi comentario: El temor es un enemigo que debe ser conquistado a través del amor. La 1º Carta de Juan 4:18 dice: "...el perfecto amor hecha fuera el temor..." Dr. Mike Murdock escribió en el libro *Manual del Espíritu Santo* (The Holy Spirit Handbook), "El temor te impide *alcanzar*... El temor te impide *preguntar*... El temor te impide *admitir*... El Espíritu Santo es un enemigo del miedo". Jesús enfrentó mucha oposición e injusticia, aun así se opuso al temor.

Declara: ¡Yo rechazo el temor! El miedo no puede permanecer en mí porque Dios no me ha dado un espíritu de temor. El Espíritu Santo me ha dado el fruto del amor el cuál hecha fuera el temor. Porque Dios me ama, yo no le temo a nada.

Quien nos salvó y llamó con llamamiento Santo, no conforme a nuestras obras, sino según el propósito suyo y la gracia que nos fue dada EN CRISTO JESUS, antes de los tiempos de los siglos. — 2º de Timoteo 1:9 (RVR60)

En Cristo, yo he sido salvo y llamado con un llamamiento santo, no conforme a mis obras de trabajo, sino de acuerdo a Su propósito y gracia que me fueron dadas EN CRISTO desde antes que el tiempo iniciara.

Aférrate al modelo de la sana enseñanza que aprendiste de mí, un modelo formado por la fe y el amor que tienes en Cristo Jesús. — 2 ° de Timoteo 1:13 (NTV)

Yo vivo por fe y amor los cuales son míos EN CRISTO JESUS.

Tú pues hijo mío, esfuérzate en la gracia que es EN CRISTO JESUS. — 1° de Timoteo 2:1

Yo soy fuerte en la gracia que está EN CRISTO JESUS.

Y también todos los que quieren vivir piadosamente EN CRISTO JESUS padecerán persecución. — 2° de Timoteo 3:12

El rechazo me hace entender lo que Dios experimenta. Jesús dijo: "Y series aborrecidos de todos por causa de mi nombre; más el que persevere hasta el fin, éste será salvo" (Mateo 10:22). Pablo dijo que los que son piadosos sufrirán persecución por los impíos. ¡Cuando alguien me rechaza, estoy en buena compañía!

Quien llevó El mismo nuestros pecados en su cuerpo sobre el madero, para que nosotros, estando muertos a los pecados, vivamos en la justicia; y por cuya herida fuisteis sanados. — 1° de Pedro 2:24

Dios no solo puso en Jesús nuestras iniquidades y pecados, sino también nuestras enfermedades y dolencias. ¡Por sus heridas yo he sido sanado! La Palabra de Dios me dice que por sus heridas yo fui sanado hace 2,000 años. Si yo FUI sanado antes, entonces ESTOY sano hoy. La sanidad me pertenece porque yo estoy en Cristo.

Hijitos, vosotros sois de Dios, y los habéis vencido; porque mayor es el que está en vosotros, que el que está en el mundo. — 1° de Juan 4:4

Yo soy de Dios. Yo he nacido de Dios. Yo estoy en la familia de Dios. Yo estoy en unión con Cristo. Porque yo estoy en Cristo, el Gran Yo Soy vive en mí. Él es más grande que el diablo. Más grande que la enfermedad. Más grande que las circunstancias ¡Y Él vive en mí! Y porque Él vive en mí yo soy un vencedor. Yo puedo vencer a Satanás no importa en donde me lo encuentre o cual sea la prueba.

En esto sabemos que permanecemos en ÉL, y Él en nosotros: en que nos ha dado de su Espíritu. — 1° de Juan 4:13 (LBLA)

¡El Espíritu Santo me da una confianza inquebrantable de que yo pertenezco a la familia de Dios! El Espíritu Santo confirma en mi corazón de que Cristo mora en mí. El Espíritu Santo da testimonio a mi espíritu de que soy un hijo del Dios Altísimo. (Romanos 8:14-16).

Y éste es el testimonio: que Dios nos ha dado vida eterna; y ésta vida ESTÁ EN SU HIJO. — 1° de Juan 5:11

Dios ha puesto vida eterna en su Hijo, y después puso a Su Hijo dentro de mí. ¡Yo tengo vida eterna ahora! Es una posesión presente que me hace un ser sobrenatural en la tierra.

Para que la participación de tu fe sea eficaz en el conocimiento de todo el bien que está en vosotros en Cristo Jesús. — Filemón 1:6

Toda cosa buena esta en mí porque yo estoy en Cristo Jesús. ¡Hay una riqueza de cosas buenas en mí que vienen de Cristo Jesús! (Taylor).

Vosotros también, poniendo toda diligencia por esto mismo, añadid a vuestra fe virtud; a la virtud, conocimiento; al conocimiento, dominio propio; al dominio propio, paciencia; a la paciencia, piedad; a la piedad, afecto fraternal; y al afecto fraternal, amor. Porque si estas cosas están en vosotros, y abundan, no os dejarán estar ociosos ni sin fruto en cuanto al conocimiento de nuestro Señor JESUCRISTO. Pero el que no tiene estas cosas tiene la vista muy corta; es ciego, habiendo olvidado la purificación de sus antiguos pecados. Por lo cual, hermanos, tanto más procurad hacer firme vuestra vocación y elección; porque haciendo éstas cosas, no caeréis jamás. — 2° de Pedro 1:5-10

En Cristo, yo no soy estéril ni sin fruto, no soy ocioso o improductivo. Yo estoy activamente avanzando hacia el conocimiento pleno de Cristo. Por lo que agrego a mi fe:

Virtud (poder, energía ~ (la fe debe de ser demostrada),
Conocimiento (inteligencia ~ la fe debe ser usada con inteligencia),
Templanza (autocontrol, moderación, disciplina ~ la fe controlara mi lengua),
Paciencia (compromiso, perseverancia ~la fe es paciente),
Devoción (carácter, atributos de Dios ~la fe es obediente, escogiendo la voluntad de Dios),
Afecto fraternal (prefiriendo a otros por encima de mí, devoción en acción ~ la fe es considerada con los demás), y
Caridad (amor divino ~ la fe trabaja por el amor).

Cada una de estas virtudes edifica a la otra:
Se necesita fe para demostrar el poder de Dios.

Se necesita experiencia con el poder de Dios, para convertirse en un conocedor de este poder o ser espiritualmente inteligente.
Se necesita la inteligencia para ejercitar el autocontrol.
Se necesita el autocontrol para ser paciente.
Se necesita la paciencia para ser piadoso.
Se necesita piedad por dentro para que en el exterior se muestre amabilidad a los hermanos,
Se necesitan actos de amabilidad para perdonar a los demás y caminar en amor en todo tiempo.
Nada de esto podría ser posible sin fe en el hecho de que Cristo vive en mí con toda su fe, su poder y sus atributos.
El Espíritu Santo dijo: Si estas cosas están en mí abundantemente, si yo practico estas cosas, nunca tropezaré o caeré. ¡Nunca jamás! ¡En cambio, seré fructífero y estaré seguro de mi llamado! Yo no olvidaré lo que Cristo ha hecho por mí. Debido a mi creciente conocimiento de "Cristo en mí", nunca seré derrotado en esta vida. Yo estoy creciendo en Cristo.

Por lo cual, desechando toda inmundicia y abundancia de malicia, recibid con mansedumbre la palabra implantada, la cual puede salvar vuestras almas. Pero sed hacedores de la palabra, y no tan solamente oidores, engañándoos a vosotros mismos. — Santiago 1:21-22

Yo soy un hacedor de la palabra. La palabra de Dios debe de ser recibida con humildad, con mansedumbre, para cambiar mi vida. Yo humildemente aplico cada predicación que escucho y cada lección que aprendo. En lugar de hablar como el mundo lo hace, yo me mantendré hablando la palabra de Dios.

Amado, yo deseo que tú seas prosperado en todas las cosas, y que tengas salud, así como prospera tu alma. — 3° de Juan 1:2 (RVR60)

Padre, tu deseas POR ENCIMA DE TODAS LAS COSAS que yo prospere. Mi alma está prosperando por medio de la Palabra y de la oración, por lo tanto, yo también prospero financieramente y camino en salud. La bendición de Dios me hace rico, y Él no añade ninguna tristeza con ello (Proverbios 10:22). Entre más ame a la gente, más importante será la prosperidad para mí. Yo deseo hacer más por mis amados, por mi iglesia, por los huérfanos, por las viudas y por los misioneros. (Santiago 1:27, Mateo 25:36, 1° de Timoteo 5:17). ¡Bendíceme y ensancha mi territorio; ayúdame y líbrame del mal, para que no padezca aflicción! Y Dios concedió mi petición. (1° de Crónicas 4:10 [NVI], Oración de Jabes).

Y [El] nos hizo reyes y sacerdotes para Dios, su Padre; a Él sea Gloria e Imperio por los siglos de los siglos. Amén. — **Apocalipsis 1:6**

Jesús es el Rey de reyes y el Sacerdote de todos los sacerdotes. Yo soy uno de esos reyes y uno de esos sacerdotes. Yo soy realeza siendo preparado para gobernar y para ministrar. Por causa de Jesús, yo gobierno mi herencia en esta vida y me paro sobre la brecha por los perdidos en mi nación. La gloria y el dominio le sean dadas a EL por los siglos de los siglos. Amén.

10

¡ES BUENO SER LIBRE!

Día 29

Como permanecer libre

Las oraciones basadas en las Escrituras jugaron un papel muy importante en mi libertad personal como Cristiano. Continuar con el hábito de orar con las Escrituras me han ayudado a mantener mi libertad. *¡Oh es bueno ser libre!* Así como yo he mantenido cerca de mi estas 70 oraciones Bíblicas hasta este día, tú también puedes hacerlo y mantener este libro cerca de ti por todo el tiempo que lo necesites. Puedes seguir haciendo referencia a las Escrituras utilizadas en los capítulos previos durante tu hora de oración o tu devocional diario con Dios. Yo he leído estas citas estando de pie y de rodillas, en mi casa y fuera de mi casa, públicamente y en privado. Hasta en vacaciones me he llevado estas afirmaciones Bíblicas conmigo. La verdad nunca envejece.

De vez en cuando es posible que no percibas esa sensación

de victoria. Quizás hasta sientas que Dios está muy lejos. Esa es una experiencia normal como creyente. ¡No pienses que has menguado en la fe, puede ser que inclusive estés creciendo en tu fe! Jesús le dijo: "Porque me has visto, Tomás, creíste; bienaventurados los que no vieron, y creyeron" (Juan 20:29). En otras palabras; algunas personas solamente creen en Dios por lo que sienten, pero otros creen en Dios a pesar de no tener esas sensaciones. ¿Cuál es la forma más alta de fe? ¡Claramente Jesús elogió a aquél que no tiene necesidad de sentimientos cálidos y acogedores para creer en Dios! Por eso "caminamos por fe y no por vista (o por sentidos físicos)" (2º de Corintios 5:7).

Cuando yo siento la necesidad de tener más fortaleza física o emocional, me vuelvo a estas Escrituras que desde el principio me formaron. Muy pronto comienzo a percibir la paz de Dios nuevamente... no porque me haya dejado en algún momento, sino porque mi mente se llenó de otras cosas. Los sentimientos no determinan la fe. Yo puedo creer en la verdad independientemente de cómo me sienta. Pero cuando mis emociones se convierten como en una habitación desordenada en mi alma, se vuelve difícil escuchar la voz de Dios de una forma clara. Cuando la vida se sale de balance, cuando necesito volver a encontrar mi centro de gravedad, entonces vuelvo a consultar estas Escrituras para recordar lo que Dios piensa de mí.

Después de quince años de pastorear miembros de la Iglesia, estoy muy consciente de cuan desesperadamente las personas necesitan libertad de su pasado, ya sea de heridas en su infancia, o de una relación que se terminó recientemente o algunas palabras duras que se dijeron sobre ellos. Yo no quiero simplificar en exceso el crecimiento espiritual y la libertad emocional. Hablar las Escrituras es

¡ES BUENO SER LIBRE! | 105

un paso muy importante para obtener la libertad, pero no es el único paso.

Crece Profundo y Crece Fuerte

Cada paso de obediencia es un paso hacia la libertad. Dios nos ama tanto que todo lo que Él dice es con el propósito de ayudarnos. Un simple acto de obediencia como el bautismo en agua o participar de la Cena del Señor puede traer gran bendición. Cualquier cosa que Dios nos diga que hagamos; ¡solo hazla! La obediencia a Dios siempre trae consigo una recompensa. Vale la pena obedecer.

Tú no estarás confesando estos 70 versículos para siempre, aunque de vez en cuando deberías consultarlos otra vez. Construir tu identidad espiritual a través de hablar algunos de los versículos Bíblicos seleccionados, siempre será vital para obtener libertad sobre un conflicto interno y sobre pensamientos de opresión. Pero declarar estas Escrituras no es lo único que te hará fuerte.

Hablar las Escrituras de "en Cristo" es sanidad específica que da en el blanco, pero también debe de haber una disciplina general para mantener la salud espiritual. Así como el crecimiento biológico no sucede a menos que te alimentes y ejercites, igualmente el crecimiento espiritual no sucederá sin una rutina. Tú debes de tener un devocional diario con Dios, con la meta de leer la Biblia entera una vez al año (comida), y anotar en una libreta cómo serás diferente en ese día (ejercicio). Esta es una forma para crecer en profundidad y en fuerza.

Tanto el crecimiento espiritual como el crecimiento biológico ocurren en *"saltos cuánticos"*. El momento de mayor crecimiento para un ser humano (llámese brote), es entre la edad de 0 a 1 años y luego en niñas de 8 a 13 años y en niños de 10 a 15 años. De la misma manera, el crecimiento espiritual tiende a venir en brotes.

Por mí parte, yo he tenido 3 grandes brotes de crecimiento espiritual. Y aunque tu experiencia será diferente a la mía, yo te ofrezco en forma de lecciones todo lo que yo pasé; de éstas puedes aprender y aplicarlas a tu manera.

Primer Salto Cuántico

Mi primer brote de crecimiento ocurrió, no solamente cuando leí el libro de alguien más sobre "quién soy yo en Cristo", sino cuando tomé la decisión de buscar, escribir, pensar y hablar en voz audible las Escrituras que se relacionan con "quién soy yo por lo que Cristo ha hecho por mí". Eso fue lo primero que me hizo crecer a pasos agigantados.

Es posible que encuentres otras Escrituras que hablen sobre tu situación personal. Subráyalas. Escríbelas en tu computadora. Organízalas por categorías de acuerdo a tus necesidades. Antes de que nacieran nuestros hijos, mi esposa y yo solíamos encontrar, escribir e imprimir en una hoja de papel un conjunto de promesas Bíblicas que hablan de hijos sanos y piadosos. Y las declaramos aun antes de que nuestros hijos nacieran. ¡Es increíble ver como estas palabras se han hecho realidad!

Cuando mi mamá necesitaba comprar una casa, buscamos escrituras en las cuales Dios prometía tierra y casas. Dios ha prometido que las personas que lo obedecen no tendrán falta de ningún bien (Deuteronomio 6:11, Salmo 23:1, 34:10).

Teníamos una página llena de Escrituras. Declaramos la palabra de Dios sobre la casa y a pesar de que mi mamá perdió la oferta de la casa durante la subasta, el agente de bienes raíces regreso para hacerle una oferta final. Ella lo obtuvo por el precio que quería y pudo pagarla en efectivo.

Nosotros podemos ser inspirados por las historias de otras personas, pero el cambio verdadero sucede cuando nosotros cambiamos. Escuchar las historias de otros creyentes debería de llevarte a buscar en las Escrituras por ti mismo. Dios quiere que tengamos hambre de Él.

Segundo Salto Cuántico

Mi segundo brote de crecimiento espiritual vino cuando el Señor me dijo que fuera al Instituto Bíblico y yo le obedecí. Yo no estoy recomendando que vayas de manera inmediata a la primera escuela Bíblica en tu ciudad. Conozco a algunas personas que fueron a una escuela Bíblica y salieron peor. Ese no fue mi caso.

Algunos de los Cristianos que he conocido no deberían de haber ido a una escuela Bíblica, ya sea porque Dios no los llamó a eso, o porque sí debieron haber ido fueron a la escuela equivocada. Mi criterio para elegir un Colegio de Biblia es muy simple. Yo no juzgo a una escuela por cuantos maestros con títulos enseñan allí. Si nos basamos en dicho estándar, ¡Jesús hubiera fracasado en comenzar o educar personas en una escuela Bíblica! Yo creo que haber estudiado bajo las enseñanzas de Jesús y los Apóstoles debió haber sido la mejor educación. Ninguno de ellos tenia una maestría o título, por lo cual eso no puede ser el criterio más importante.

Mi primer criterio se basa en cuántos graduados van y hacen algo útil para Dios, especialmente ganando almas, comenzando iglesias y saliendo en misiones. Mi Escuela Bíblica cuenta con graduados en 190 países, los cuales, cada semana levantan iglesias en algún lugar del mundo. Los mismos maestros han ganado almas, edificado iglesias y han vivido en campos misioneros. No quiero que me enseñen los teóricos porque son como los fariseos. Ellos hablan pero no hacen. ¡Y peor que eso; me he dado cuenta que las personas que no hacen nada son aquellos que más comúnmente critican a aquellos que sí hacen algo! Su trabajo se vuelve criticar. Y sus estudiantes se convierten en críticos. Que desafortunada pérdida de tiempo.

Eso es por un lado; déjenme traer un poco de equilibrio mostrando el otro lado. Mi experiencia con la Escuela Bíblica fue muy positiva. Estudié por 3 horas diarias los 5 días de la semana bajo la autoridad de profesores humildes y ungidos. Me ofrecí como voluntario en una clínica para enfermos, para que conocieran a Jesús como sanador una hora diaria cuatro días por semana. También iba a un estudio Bíblico casi todos los Miércoles por la noche y a los servicios cada Domingo por la mañana. Además de mi propia lectura y estudio, también veía videos cristianos; fácilmente pasé 840 horas al año directamente bajo la enseñanza de la Palabra de Dios (contando las 40 semanas de un año escolar). Mi entrenamiento Bíblico duró dos años, entonces sumando todo fueron como mínimo 1680 horas que pasé bajo la Palabra de Dios. Y eso resultó en mi segundo brote de crecimiento.

Compara eso con el Cristiano promedio que solo atiende a la iglesia una vez por semana. Si el servicio Dominical dura dos horas y solamente una hora es realmente utilizada para la enseñanza de la Palabra de Dios, entonces el Cristiano promedio recibe como 52 horas al año de enseñanzas Bíblicas. ¿Cuánto tiempo les tomaría recibir la cantidad de crecimiento espiritual que yo recibí en dos años? ¡Necesitarían como 32 años!

¡Eso significa que yo recibí en dos años lo que un Cristiano promedio aprende en 32 años! Y el hecho trágico es que hay muchos cristianos que ya ni siquiera van a la Iglesia una vez por semana, o sea que ellos están recibiendo aún menos. ¡Y luego ellos esperan poder conquistar demonios y superar problemas con tan poquita inversión de tiempo espiritual – eso es un poco realista!

El crecimiento espiritual y la libertad personal han de mantenerse con un hábito constante de atender a una iglesia fija, además yo les recomendaría que ustedes tuvieran un lugar más de contacto entre semana, ya sea una célula, una reunión de oración, un culto de adoración, salidas de evangelismo, etc. Hebreos 10:25, (DHH) nos dice; "No dejemos de asistir a nuestras reuniones, como hacen algunos, sino animémonos unos a otros; y tanto más cuanto que vemos que el día del Señor se acerca".

Si tú estás buscando una iglesia perfecta, lamento informarte que no vas a encontrar ninguna. ¡Y aún si hubiese una, dejaría de serlo desde el momento en que pases por la puerta porque traerás tus imperfecciones contigo!

Debemos de estar en guardia en contra del espíritu engañoso del perfeccionismo. Los padres que tratan de educar a sus hijos con exigencias de perfeccionismo terminan dañando su personalidad y su habilidad para relacionarse con Dios y con las personas. Crecen con una actitud de rendimiento. Ellos están convencidos de que Dios o la gente los aceptará solamente si ellos se desempeñan bien. Pero en lugar de hacer las cosas bien, los perfeccionistas tienden a diferir decisiones, se abruman con situaciones grandes y les resulta complicado terminar sus tareas, porque en su interior hay un miedo profundo a fracasar y a ser rechazados. Este tipo de actitud estricta no solamente daña a los niños, sino también relaciones dentro de la iglesia. Debemos de ser personas excelentes, pero no perfeccionistas.

Es precisamente en el ambiente imperfecto de una familia en donde aprendemos nuestras lecciones más valiosas en la vida como el amor, el perdón, la comunicación, la reconciliación y el trabajo en equipo. Es también en la familia de Dios en donde nos volvemos completos y maduros como personas. Sin formar parte de la familia de una iglesia local, encontrarás imposible pasar por una de las etapas de crecimiento espiritual que Dios ha planeado para tú bien.

Mientras yo atendía a la Escuela Bíblica, nunca falté a la iglesia. Esto no lo digo para condenarte si tú alguna vez has faltado a la iglesia por alguna razón válida. Yo decidí estar en la iglesia cada semana porque Dios me mandó que apartara uno de los siete días para honrarlo. A pesar de que estaba inscrito en la escuela Bíblica no sentía que lo que aprendía fuera suficiente como para faltar a la iglesia. ¡Yo sentía que no sabía suficiente y tenía que ser como una esponja para saber más de Dios!

Te animo a que busques un buen Instituto Bíblico si puedes, pero si no, por lo menos ve a la iglesia una vez por semana. Dos veces a la semana es mucho mejor. No escatimes y no faltes. Todos necesitamos una ministración personal y alimentación espiritual de forma regular en nuestras vidas. No importa de quien más podamos aprender, como de predicadores en Internet o de la televisión; no debemos descuidar el aprender de nuestro propio pastor quien nos conoce personalmente. Quizás tú y el pastor no sean los mejores amigos, ni tampoco salgan cada semana, pero cuando llegue el momento de que tu o alguien de tu familia se bautice o sea puesto en oración o se case o sea enterrado; el predicador de la televisión no va a venir a ayudarte, ¿o sí? Necesitas tener los beneficios de contar con un pastor local. Él o ella es un regalo de Dios para tu crecimiento y para tu protección.

Si tú has sido lastimado por un líder o un pastor en el pasado, debes de perdonar a ese líder y dejar pasar la ofensa. Tal vez él o ella ya se han arrepentido ante Dios, así que no tenemos el derecho de mantenernos resentimientos ante alguien a quien Dios ya perdono. ¡La gente cambia, por lo tanto no mantengas una imagen amargada de alguien pues esto puede sabotear tu propia libertad! Comparte con Dios tus sentimientos y sigue adelante. ¡Tal vez tendrás que tragarte tu orgullo, pero es mejor obedecer a Dios y mantener un corazón tierno!

Si tú eres un líder y has sido lastimado por alguien en la iglesia, lo mismo va para ti. Las personas puede que no lo piensen así, pero cada líder es superado en número por sus seguidores, por lo que yo creo que hay más seguidores que lastiman a sus líderes que líderes lastimando a sus seguidores.

Los seguidores de Dios lo lastimaron a pesar de que Él nunca lastimó a nadie. Todos los líderes experimentarán algún tipo de rechazo y traición en el trayecto de liderar.

Pero como ya he dicho, la gente cambia. Un miembro que ya no está en mi iglesia, el hijo de un pastor, dejó la iglesia y me mandó un correo electrónico muy duro. Yo pude haberle respondido con una corrección Bíblica de todos sus puntos. Pero solamente oré por él y le deseé lo mejor. Como seis meses después, él tomó un curso acerca del perdón y la libertad, y se disculpó conmigo. Él me dijo: "Quiero oficialmente ofrecerte una disculpa. Nunca debí dejar la iglesia de esa forma. Yo debí haberte dicho palabras de aliento. Y de ahora en adelante, te diré palabras que te animen".

Yo le respondí: "Yo no he pensado mucho en esto. Pero ahora que lo dices, yo oficialmente te perdono". ¿Te das cuenta? La gente crece y cambia. ¡Dales una oportunidad! ¿No nos ha dado Dios una oportunidad la cual no merecíamos?

Como encontrar el tiempo

Antes de que vayamos a mi tercer brote de crecimiento espiritual, quizá alguien esté objetando, "¿Es realista que yo tome 1680 horas de clases de Biblia para hacerme fuerte espiritualmente? Oye, quizá eso puede haber funcionado para ti, tú eres un profesor de Biblia. Pero yo realmente no tengo el tiempo". Yo entiendo tu predicamento. Déjame responderte con dos comentarios.

Primeramente, como tú, yo tuve que intencionalmente encontrar tiempo para estudiar la Biblia. Yo no lo hice únicamente para convertirme en un profesor, sino primordialmente para entender más de la Biblia. Conocer más a Dios es muy beneficioso no importa cuál sea tu llamado o tu carrera profesional. ¡Considéralo como una inversión en tu futuro! Dios quizá te ha dado tiempo para que estudies la Biblia, y tú tal vez no lo sabías. Cada vez que te encuentres en una transición, entre trabajos o sin posibilidad para encontrar un empleo, ahí tal vez sea el mejor tiempo para ingresar a un curso de estudio Bíblico en tu Iglesia, o para encontrar una escuela Bíblica que sea adecuada para ti.

En segundo lugar, mi estándar es aparentemente más bajo que el del Nuevo Testamento. ¿Cuánto tiempo pasaron los 12 discípulos estudiando con Jesús? Pasaban todo el día y toda la noche con Él. Asumiendo que durmieran 12 horas cada día (ellos probablemente dormían menos), y por lo tanto pasaban solo 12 horas del día con Jesús. Entonces los discípulos pasaron un promedio de 4,380 horas al año bajo el programa de capacitación de Jesús. Su entrenamiento duró un total de 3 años y medio, haciendo un total de 15,330 horas con el Señor Mismo. ¿Cuánto tiempo le tomaría a un cristiano promedio que va a la Iglesia una vez por semana, aprender lo que los doce discípulos aprendieron? ¡Como 294 años! Así es como Jesús preparó a doce hombres que cambiarían al mundo. ¿Tenemos que ponernos al día un poquito no creen?[1]

---

1. Steve Cioccolanti imparte conferencias en Escuelas Biblicas. Mira algunos de sus DVDs que ofrecen el mismo contenido que se imparte en Escuelas Bíblicas de prestigio. 4 títulos recomendados (En Inglés) :
   - Introducción a la Biblia: ¿Cómo obtuvimos la Biblia? (3 horas)
   - 4000 Años de Historia: Desde la Creación a Cristo. (12 horas)
   - Libro del Apocalipsis. (10 horas)
   - Tiempos Finales. (58 horas)
   Disponible en Discover Media, www.discover.org.au/bookshop.

FE INQUEBRANTABLE

Día 30

Revisión

Crecemos gradualmente conforme nos alimentamos de la palabra de Dios y ejercitamos nuestra fe en ella. Pero experimentaremos brotes de crecimiento mucho más fuertes si tomamos ciertas acciones. Mi primer brote de crecimiento vino cuando yo decidí buscar Escrituras que edificaran mi identidad, las personalicé y las declaré por más de 30 días. ¡Este nuevo hábito transformó la forma como yo me veo a mí mismo y estoy convencido de que permitió a Dios usarme de una forma que yo nunca me hubiera imaginado!

Si yo hubiera sido complaciente con mis palabras, y aún si no hubiera tomado las Escrituras en serio, de igual manera yo seguiría siendo cristiano, pero en el mejor de los casos uno estancado. Muchísimos creyentes se sienten estancados en una rutina y estresados igual a los no creyentes. No tiene por qué ser así. ¡Al haber terminado este programa de 30 días, con la ayuda del Espíritu Santo, has compartido una experiencia similar que transformó mi mundo personal!

Mi segundo brote de crecimiento, vino cuando asistí al seminario por dos años. Aprender de maestros humildes transformó mi vida. El entrenamiento espiritual es esencial para completar nuestro destino. Yo pasé 1680 horas bajo la enseñanza directa de la Palabra de Dios, lo que equivale a ¡32 años de enseñanza atendiendo solamente a los servicios Dominicales! Los 12 discípulos pasaron un equivalente a 15,330 horas con el Señor, ¡lo que equivale a una enseñanza de 294 años si solamente atiendes al servicio dominical una vez por semana! Desafortunadamente algunos cristianos esperan volverse campeones por atender a la Iglesia una vez por semana. La gente espera recibir mucho invirtiendo muy poco.

En estos días y en esta época, yo diría que la mejor oportunidad para tu entrenamiento espiritual sería con base en la Iglesia. ¡Tú no tienes que ir lejos, pero debes de reunirte con los miembros de tu familia cristiana (de la iglesia), más de una vez por semana para poder ponerte al día!

Tercer Salto Cuántico

Mi tercer brote de crecimiento ha venido a través de servir a las personas. Hay un dicho que dice: "Nosotros solo aprendemos, lo que enseñamos a los demás". Servir es aprender. Ayudar a otros me ha ayudado a crecer tremendamente. El ministerio es una parte del plan de Dios para nuestro crecimiento y nuestro éxito.

Declarar las Escrituras fue esencial para mi transformación. Igualmente lo fue la escuela Bíblica. Pero nada me hubiera preparado para crecer como las pruebas que he enfrentado mientras sirvo a las personas. He experimentado traición personal, divisiones en la Iglesia y dificultades familiares como nunca me imaginé que hubiera tenido que experimentar como cristiano. Gracias a Dios, no tenemos que sufrir enfermedades porque ese es un trabajo del diablo (ver Hechos 10:38, Lucas 13:16, Juan 10:10), pero tenemos que enfrentar pruebas y tribulaciones porque vivimos en un mundo caído. El dolor nos motiva mucho más que ningún otro mentor. Dios usará el sufrimiento para moldear nuestro carácter. Por favor medita en las siguientes siete Escrituras.

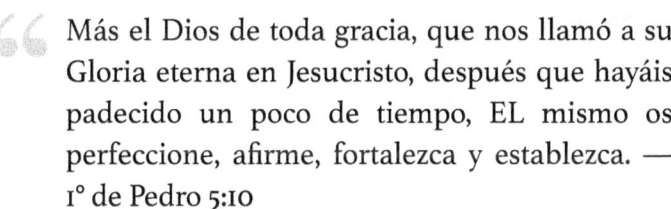

Más el Dios de toda gracia, que nos llamó a su Gloria eterna en Jesucristo, después que hayáis padecido un poco de tiempo, EL mismo os perfeccione, afirme, fortalezca y establezca. — 1º de Pedro 5:10

¿Qué es aquello que nos hará perfeccionar, afirmar, fortalecer y establecer? *¡Sufrir por un poco de tiempo!* Ningún sufrimiento es grato cuando se está pasando por el, pero nosotros sabemos que como cristianos, ningún sufrimiento dura para siempre. Y para los cristianos todo sufrimiento tiene sentido. Dios nos permite que pasemos por algunas cosas, no para destruirnos, sino para establecernos, fortalecernos y perfeccionarnos.

Las pruebas en sí mismas no producen fe, pero las pruebas muestran si nuestra fe en Cristo es genuina. Yo soy un mejor ministro por el sufrimiento que he atravesado. Reacciono menos a las críticas. Cuando escucho un problema, me detengo de hacer juicios y primero trato de entender a las dos partes. Hoy en día soy menos emocional que hace años, y me conmueven menos algunas cosas que antes hubieran estremecido mi mundo, que me hubieran hecho entrar en pánico o que me hubieran hecho sentir devastado. Y yo creo que eso es parte de la verdadera libertad emocional. El diablo me tiene mucho más miedo porque he sido endurecido por la batalla. Esta es una parte del plan de Dios para que todo cristiano sea libre del miedo y libre del diablo.

En el Antiguo Testamento, los creyentes judíos eran enseñados regularmente que tenían enemigos que vencer. Yo creo que esta es una enseñanza que ha sido trágicamente perdida en ciertos segmentos del Cuerpo de Cristo. Los cristianos parecen sorprendidos por las críticas y la oposición. Algunos no pueden ni siquiera tomarlo para la Gloria de Dios, sino que se dan por vencidos.

A los judíos se les recordaba continuamente que estaban rodeados por enemigos. Después de que Moisés muriera, Josué dirigió a Israel hacia la Tierra Prometida. Pero Josué también murió antes de que todos sus enemigos pudieran ser conquistados. El escritor del libro de Jueces lo puso de esta manera.

> Estas, pues, son las naciones que dejó Jehová para probar con ellas a Israel, a todos aquellos que no habían conocido todas las guerras de Canaán; solamente para que el linaje de los hijos de Israel conociesen la guerra, para que se la enseñasen a los que antes no la habían conocido: — Jueces 3:1-2

Dios tenía un enemigo en el cielo - Satanás. Y como Dios nos está entrenando para gobernar como El, nosotros también tenemos que enfrentar enemigos en la vida. ¡Es una realidad! Dios nos está entrenando para reinar con Cristo en la eternidad. Como parte de dicho entrenamiento, nosotros tenemos que aprender a conquistar nuestro orgullo, dominar al espíritu de rebeldía y ganar sobre las tentaciones. Las presiones y las pruebas en la vida son necesarias para probar que somos dignos de gobernar sobre lo que sea que Dios nos ponga a cargo, pero sabemos que eso incluye también gobernar sobre los ángeles (1° de Corintios 6:3).

Lo que sea que se encuentre del otro lado de la Eternidad, necesitamos ser personas que puedan recibir órdenes y no ser fácilmente ofendidos por otros. Eso tiene sentido porque no habrá una segunda caída (del pecado) o un segundo Plan de Redención, por lo que todos los que entren al Reino de Dios deberán evitar repetir la rebelión de Satanás y la desobediencia de Adán. Satanás nunca vio como era un enemigo de Dios porque él fue *el primer enemigo de Dios*. Nosotros tenemos una ventaja sobre Satanás porque todos los días vemos como son los enemigos de Dios, y no es agradable. ¡Tenemos que defender nuestra libertad contra dichos enemigos!

Nosotros también necesitaremos ser personas que aman a todos como Dios lo hace y no caer fácilmente en el orgullo. Eso también es entendible porque la gente en esta vida puede caer en soberbia por la cosa más pequeña, como un buen sueldo o popularidad ante los ojos de algunos seres humanos. ¿Qué les pasaría a éstas personas si fueran puestas en alto por Dios mismo o heredaran riquezas inimaginables? Para prevenir que caigamos en celos sobre las bendiciones de otras personas, Dios permite que otras personas estén celosas de nosotros en esta vida, para que nosotros no estemos celosos de nadie en el cielo. Los cristianos definitivamente no estamos esperando morir solamente para irnos a las nubes a tocar arpas; ¡Estamos siendo preparados para premios eternos que serán mucho más allá de cualquier cosa que hayamos experimentado en la tierra!

Pablo nos dio esta pista para nuestro futuro:

> ¿No sabéis que los que corren en el estadio, todos a la verdad corren, pero uno solo se lleva el premio? Corred de tal manera que lo obtengáis. Todo aquel que lucha, de todo se abstiene; ellos, a la verdad, para recibir una corona corruptible, pero nosotros, una incorruptible. Así que, yo de esta manera corro, no como a la ventura; de esta manera peleo, no como quien golpea el aire, sino que golpeo mi cuerpo, y lo pongo en servidumbre, no sea que habiendo sido heraldo para otros, yo mismo venga a ser eliminado. — 1° de Corintios 9:24-27

Pablo sabía que para obtener el premio eterno, él tenía que aprender a ser duro. Él tuvo que aceptar críticas y salir adelante. Él debía de tener la piel no tan suave sino "resistente". A pesar de los rechazos que recibió de su propia gente y, por último la sentencia de muerte del Emperador Nerón que lo mandó decapitar; su influencia ha llegado mas allá que todos los emperadores Romanos juntos, y su nombre ha sido para siempre gravado en el Salón de la Fama en el cielo.

Nosotros debemos enfrentar enemigos en la vida. Eso es bueno para nosotros. Y es lo que Pablo trató de comunicarnos a todos los cristianos. Cuando él y Bernabé

FE INQUEBRANTABLE | 121

fueron juntos a un viaje misionero y visitaron a los cristianos que previamente habían enseñado, fueron para lo siguiente:

> Confirmando los ánimos de los discípulos, exhortándoles a que permaneciesen en fe, y diciéndoles: ES NECESARIO que a través de MUCHAS tribulaciones entremos en el Reino de Dios. — Hechos 14:22

Ellos no dijeron que *tal vez* tendríamos que atravesar algunas *pocas* tribulaciones. Ellos dijeron que *tendríamos* que pasar por *muchas* tribulaciones. ¡Nuestra recompensa es un espíritu refinado que esté calificado para reinar con Cristo sobre todo aquello que Dios ha creado!

> Y no solo esto, sino que también nos gloriamos en las tribulaciones, sabiendo que la tribulación produce paciencia; y la paciencia, prueba; y la prueba, esperanza; Y la esperanza no avergüenza; porque el amor de Dios ha sido derramado en nuestros corazones por el Espíritu Santo que nos fue dado. — Romanos 5:3-5

Sufrir por nuestra fe en Cristo no es algo para sentirnos avergonzarnos, en cambio es algo a lo que ¡somos llamados a regocijarnos! El sufrimiento es la manera en que Dios va desarrollando nuestra resistencia y carácter. Cuando sufrimos como Cristo, nos volvemos fuertes como Cristo. Esta es la más alta libertad que obtenemos de Satanás y sus ataduras. Satanás no tenía absolutamente ningún poder sobre Jesús. Satanás tampoco tiene ningún control sobre nosotros cuyos caracteres son como el de Cristo.

> Y aunque era Hijo, por lo que padeció aprendió la obediencia. — Hebreos 5:8

Si Jesús el perfecto Hijo de Dios tuvo que aprender obediencia a través del sufrimiento, cuánto más nosotros debemos de aprender obediencia a través de las cosas por las que sufrimos.

> Y habiendo sido perfeccionado, vino a ser autor de perfecta salvación para todos los que le obedecen. — Hebreos 5:9

Si Jesús no pudo ser perfeccionado en su humanidad sin sufrimiento, entonces nosotros tampoco seremos totalmente libres sin sufrir injusticias y venciéndolas con amor. Cuando perdonamos como Cristo perdona, entonces somos liberados de nuestros enemigos.

El mayor enemigo que podemos tener es el miedo. Miedo a fracasar, al rechazo, a estar solos. Cuando te enfrentas al miedo y lo conquistas, ese miedo se muere y el poder de Satanás en nuestras vidas se pierde. He notado que en mis años de ministerio, no puedo estar satisfecho por mucho tiempo. Dios siempre me está dando un nuevo reto que hace crecer mi fe un poco más. Recuerdo la primera vez que estuve frente a una multitud de 10,000 personas, el escenario parecía tan alto, las luces tan brillantes, el miedo que sentí era abrumador. Yo pude haber renunciado. Yo solo quería salirme de ahí y pedirle a alguien más que hablara.

Pero yo pensé dentro de mí, "Dios no me ha traído tan lejos como para renunciar". Y me esforcé para derribar esa barrera de miedo y ahora puedo estar cómodamente de pie frente a miles. Un cuarto con mil o dos mil personas ahora me parece pequeño. Pero no fue sino hasta que sufrí y experimenté ese triunfo.

Dios continuará estirando mi fe, como ahora al estar en televisión y cualquier otra cosa que venga después. Sin lugar a duda, Él quiere que crezcamos constantemente en fe y en dependencia hacia Él.

Recuerda que Dios no te ha traído hasta aquí para que renuncies. Tu tal vez tendrás que derribar barreras para lograr un avance. Como el corredor de un maratón que quiere renunciar cuando "toca con pared"[1] tú debes de *esperar* ese muro y *confiar* en Dios para que te de la gracia, y derribarlo. ¡Cuando tu fe parece ser sacudida, y decides seguir adelante tu fe se vuelve inquebrantable! Te has enfrentado al enemigo y has probado una dulce victoria. Tú has sufrido y ya no tienes miedo. Tú comienzas a vivir en una libertad verdadera. Mi amigo, tu carrera no va desde el punto de inicio hasta la pared; tu carrera va desde el principio, a través del muro y hasta la línea de meta. ¡Ahí es donde tú y yo recibimos el premio!

---

1. "Tocar pared" es una experiencia común para los corredores de maratón que sienten ganas de rendirse a cierta distancia. Usualmente es en la marca de las 20 millas (32 km) cuando el glucógeno almacenado en nuestro hígado y músculos se agota y el cuerpo tiene que utilizar la grasa almacenada para convertirla en energía. Cuando los corredores se esfuerzan a través de esta barrera consiguen un "segundo aire" y alcanzan la línea de meta.

VIDEOS DE STEVE CIOCCOLANTI

7000 Years of Prophecy (1 hour)
End Time Complete Pack (58 hours)
6000 Years of History & Prophecy (3 hours)
4000 Years of History (Old Testament Survey,
12 hours from Creation to Christ. Our #1 Bestseller)
22 Future Events Predicted by Revelation (4 hours)
Jewish vs Christian Dating & Parenting (2 hours)
Where is God During Tragedies? (2 hours)
4 Steps to Enter into Your Call (1 hour)
Why Am I Not There Yet? (1 hour)
Atheists Don't Exists (3 hours)
The Life of Joseph (6 hours)
Defeating Fear (3 hours)
Book of Job (2 hours)
Jezebel (2 hours)

Browse DVDs and CDs at: www.Discover.org.au
Watch videos-on-demand at:
vimeo.com/stevecioccolanti/vod_pages

OTROS LIBROS DE STEVE
CIOCCOLANTI

From Buddha to Jesus
(Available in English, Chinese, French, Indonesian & Thai)
ブッダからイエスへ
(From Buddha to Jesus | Japanese Edition)
30 Days to a New You
(Compact Plan for Personal Growth & Freedom)
12 Keys to a Good Relationship with God
(Children's Book written with 6-year-old daughter Alexis)
A Guide to Making a Will
(Considering a church in your legacy)
The Divine Code: A Prophetic Encyclopedia of Numbers, Vol. 1 & 2 (Discover the meaning of numbers.)

All e-books are available through Amazon.com.
The Divine Code available as a 2-in-1 set only at
Discover.org.au

OTROS LIBROS DE STEVE CIOCCOLANTI

★ ★ ★ ★ ★

**Trump's Unfinished Business:
10 Prophecies to Save America**
(Make America Godly Again!)

(Paperback or Ebook)

★ ★ ★ ★ ★

SOBRE EL AUTOR

Steve Cioccolanti, B.A., M.Ed., es un autor Cristiano de 6 libros, pastor, blogger (www.Cioccolanti.org), y director de Discover Ministries (www.discover.org.au). Nacido en Tailandia en una familia de Budistas, Católicos, Metodistas y Musulmanes, Cioccolanti tiene una perspectiva única y práctica de la vida espiritual.

En Australia, Cioccolanti tiene el alcance mas grande que cualquier otro pastor en los medios de comunicación social atravez de su iglesia en linea y mensajes en YouTube con mas de 41 millones de vistas. Mas de 282,000 subscriptores siguen sus mensajes de como vivir una vida bíblicamente balanceada y como prepararse para la venida del Señor.

Cioccolanti es un orador cotizado en temas relevantes tales como defender la fe Cristiana, la profecía de los últimos tiempos y la justicia bíblica. Cioccolanti a viajado por mas de 45 paises y aparecido en canales internacionales de television como Daystar.

¡Obtén TUTORÍA en línea!
www.Cioccolanti.org

Comparte tu historia o apoya el alcance de éste ministerio en www.discover.org.au

Para asociarse con Discover Ministries
en misiones y evangelismo:
www.Discover.org.au/give

Para agendar a Pastor Cioccolanti
en tu evento contáctanos en
info@discover.org.au

www.ingramcontent.com/pod-product-compliance
Lightning Source LLC
Chambersburg PA
CBHW061330040426
42444CB00011B/2843